# LOIS

ET

# RÈGLEMENTS

SUR

# LE NOTARIAT.

POITIERS,
IMPRIMERIE DE F.-A. SAURIN.
1843.

# LOIS

ET

# RÈGLEMENTS

SUR

# LE NOTARIAT.

POITIERS,
IMPRIMERIE DE F.-A. SAURIN.

1843.

# LOIS

ET

# RÈGLEMENTS

## SUR LE NOTARIAT.



### LOI CONTENANT ORGANISATION DU NOTARIAT.

(25 ventôse an XI.)

---

### TITRE Ier.

**Des Notaires et des Actes notariés.**

SECTION Ire.

*Des fonctions, ressort et devoirs des notaires.*

Art. 1er. — Les notaires sont les fonctionnaires publics établis pour recevoir tous les actes et contrats auxquels les parties doivent ou veulent faire donner le caractère d'authenticité attaché aux actes de l'autorité publique, et pour en assurer la date, en conserver le dépôt, en délivrer des grosses et expéditions.

Art. 2. — Ils sont institués à vie.

Art. 3. — Ils sont tenus de prêter leur ministère lorsqu'ils en sont requis.

Art. 4. — Chaque notaire devra résider dans le lieu qui lui sera fixé par le gouvernement. En cas de contravention, le notaire sera considéré comme démissionnaire ; en conséquence, le grand juge ministre de la justice, après avoir pris l'avis du tribunal, pourra proposer au gouvernement le remplacement.

Art. 5. — Les notaires exercent leurs fonctions, savoir : ceux des villes où est établi le tribunal d'appel, dans l'étendue du ressort de ce tribunal ;

Ceux des villes où il n'y a qu'un tribunal de première instance, dans l'étendue du ressort de ce tribunal ;

Ceux des autres communes, dans l'étendue du ressort du tribunal de paix.

Art. 6. — *Il est défendu à tout notaire d'instrumenter hors de* son ressort, à peine d'être suspendu de ses fonctions pendant trois mois, d'être destitué en cas de récidive, et de tous dommages-intérêts.

Art. 7. — Les fonctions de notaires sont incompatibles avec celles de juges, commissaires du gouvernement près les tribunaux, leurs substituts, greffiers, avoués, huissiers, préposés à la recette des contributions directes et indirectes, juges, greffiers et huissiers des justices de paix, commissaires de police et commissaires aux ventes.

SECTION II.

*Des actes, de leur forme; des minutes, grosses, expéditions et répertoires.*

Art. 8. — Les notaires ne pourront recevoir des actes dans lesquels leurs parents ou alliés, en ligne directe à tous les degrés, et en collatérale jusqu'au degré d'oncle ou de neveu inclusivement, seraient parties, ou qui contiendraient quelque disposition en leur faveur.

Art. 9. — Les actes seront reçus par deux notaires, ou par un notaire assisté de deux témoins citoyens français, sachant signer, et domiciliés dans l'arrondissement communal où l'acte sera passé.

Art. 10. — Deux notaires parents ou alliés au degré prohibé par l'article 8 ne pourront concourir au même acte.

Les parents, alliés, soit du notaire, soit des parties contractantes, au degré prohibé par l'article 8, leurs clercs et leurs serviteurs, ne pourront être témoins.

Art. 11. — Le nom, l'état et la demeure des parties, devront être connus des notaires, ou leur être attestés dans l'acte par deux citoyens connus d'eux, ayant les mêmes qualités que celles requises pour être témoin instrumentaire.

Art. 12. Tous les actes doivent énoncer les nom et lieu de résidence du notaire qui les reçoit, à peine de cent francs d'amende contre le notaire contrevenant.

Ils doivent également énoncer les noms des témoins instrumentaires, leur demeure, le lieu, l'année et le jour où les actes sont passés, sous les peines prononcées par l'article 68 ci-après, et même de faux, si le cas y échoit.

Art. 13. — Les actes des notaires seront écrits en un seul et même contexte, lisiblement, sans abréviation, blanc, lacune ni intervalle; ils contiendront les noms, prénoms, qualités et demeures des parties, ainsi que des témoins qui seraient appelés dans le cas de l'article 11; ils énonceront en toutes lettres les sommes et les dates; les procurations des contractants seront annexées à la minute, qui fera mention que lecture de l'acte a été faite aux parties; le tout à peine de cent francs d'amende contre le notaire contrevenant.

Art. 14. — Les actes seront signés par les parties, les témoins et les notaires, qui doivent en faire mention à la fin de l'acte.

Quant aux parties qui ne savent ou ne peuvent signer, le notaire doit faire mention, à la fin de l'acte, de leurs déclarations à cet égard.

Art. 15. — Les renvois et apostilles ne pourront, sauf l'exception ci-après, être écrits qu'en marge; ils seront signés ou paraphés, tant par les notaires que par les autres signataires, à peine de nullité des renvois et apostilles. Si la longueur du renvoi exige qu'il soit transporté à la fin de l'acte, il devra être non-seulement signé ou paraphé comme les renvois écrits en marge, mais encore expressément approuvé par les parties, à peine de nullité du renvoi.

Art. 16. — Il n'y aura ni surcharge, ni interligne, ni addition dans le corps de l'acte; et les mots surchargés, interlignés ou ajoutés, seront nuls. Les mots qui devront être rayés, le seront de manière que le nombre puisse en être constaté à la marge de leur page correspondante, ou à la fin de l'acte, et approuvé de la même manière que les renvois écrits en marge; le tout à peine d'une amende de cinquante francs contre le notaire, ainsi que de tous dommages-intérêts, même de destitution en cas de fraude.

Art. 17. — Le notaire qui contreviendra aux lois et aux arrêtés du gouvernement concernant les noms et qualifications supprimés, les clauses et expressions féodales, les mesures et l'annuaire de la république, ainsi que la numération décimale, sera condamné à une amende de cent francs, qui sera double en cas de récidive.

Art. 18. — Le notaire tiendra exposé, dans son étude, un tableau sur lequel il inscrira les noms, prénoms, qualités et demeures des personnes qui, dans l'étendue du ressort où il peut exercer, sont interdites et assistées d'un conseil judiciaire, ainsi que la mention des jugements relatifs; le tout immédiatement après la notification qui en aura été faite, et à peine des dommages-intérêts des parties.

Art. 19. — Tous actes notariés feront foi en justice, et seront exécutoires dans toute l'étendue de la république.

Néanmoins, en cas de plainte en faux principal, l'exécution de l'acte argué de faux sera suspendue par la déclaration du jury d'accusation, prononçant *qu'il y a lieu à accusation;* en cas d'inscription de faux faite incidemment, les tribunaux pourront, suivant la gravité des circonstances, suspendre provisoirement l'exécution de l'acte.

Art. 20. — Les notaires seront tenus de garder minute de tous les actes qu'ils recevront.

Ne seront néanmoins compris dans la présente disposition, les certificats de vie, procurations, actes de notoriété, quittances de fermages, de loyers, de salaires, arrérages de pensions et rentes, et autres actes simples qui, d'après les lois, peuvent être délivrés en brevet.

Art. 21. — Le droit de délivrer des grosses et des expéditions n'appartiendra qu'au notaire possesseur de la minute; et néanmoins tout notaire pourra délivrer copie d'un acte qui lui aura été déposé pour minute.

Art. 22. — Les notaires ne pourront se dessaisir d'aucune minute, si ce n'est dans les cas prévus par la loi, et en vertu d'un jugement.

Avant de s'en dessaisir, ils en dresseront et signeront une copie figurée, qui, après avoir été certifiée par le président et le commissaire du tribunal civil de leur résidence, sera substituée à la minute, dont elle tiendra lieu jusqu'à sa réintégration.

Art. 23. — Les notaires ne pourront également, sans l'ordonnance du président du tribunal de première instance, délivrer expédition ni donner connaissance des actes à d'autres qu'aux personnes intéressées en nom direct, héritiers ou ayants droit, à peine des dommages-intérêts, d'une amende de cent francs, et d'être, en cas de récidive, suspendus de leurs fonctions pendant trois mois; sauf néanmoins l'exécution des lois et règlements sur le droit d'enregistrement, et de celles relatives aux actes qui doivent être publiés dans les tribunaux.

Art. 24. — En cas de compulsoire, le procès-verbal sera dressé par le notaire dépositaire de l'acte, à moins que le tribunal qui l'ordonne ne commette un de ses membres, ou tout autre juge, ou un autre notaire.

Art. 25. — Les grosses seules seront délivrées en forme exécutoire; elles seront intitulées et terminées dans les mêmes termes que les jugements des tribunaux.

Art. 26. — Il doit être fait mention, sur la minute, de la délivrance d'une première grosse, faite à chacune des parties intéressées : il ne peut lui en être délivré d'autre, à peine de destitution, sans une ordonnance du président du tribunal de première instance, laquelle demeurera jointe à la minute.

Art. 27. — Chaque notaire sera tenu d'avoir un cachet ou sceau particulier, portant ses nom, qualité et résidence, et, d'après un modèle uniforme, le type de la république française.

Les grosses et expéditions des actes porteront l'empreinte de ce cachet.

Art. 28. — Les actes notariés seront légalisés, savoir : ceux des notaires à la résidence des tribunaux d'appel, lorsqu'on s'en servira hors de leur ressort; et ceux des autres notaires, lorsqu'on s'en servira hors de leur département.

La légalisation sera faite par le président du tribunal de première instance de la résidence du notaire, ou du lieu où sera délivré l'acte ou l'expédition.

Art. 29. — Les notaires tiendront répertoire de tous les actes qu'ils recevront.

Art. 30. — Les répertoires seront visés, cotés et paraphés par le président, ou, à son défaut, par un autre juge du tribunal civil de la résidence : ils contiendront la date, la nature et l'espèce de l'acte, les noms des parties, et la relation de l'enregistrement.

## TITRE II.

### Régime du Notariat.

#### SECTION I^re.

*Nombre, placement et cautionnement des notaires.*

Art. 31. — Le nombre des notaires pour chaque département, leur placement et résidence, seront déterminés par le gouvernement, de manière, 1° que, dans les villes de cent mille habitants et au-dessus, il y ait un notaire, au plus, par six mille habitants; 2° que dans les autres villes, bourgs et villages, il y ait deux notaires au moins, ou cinq au plus, par chaque arrondissement de justice de paix.

Art. 32. — Les suppressions ou réductions de places ne seront effectuées que par mort, démission ou destitution.

Art. 33. — Les notaires exercent sans patente; mais ils sont assujettis à un cautionnement fixé par le gouvernement d'après les bases ci-après, et qui sera spécialement affecté à la garantie des condamnations prononcées contre eux par suite de l'exercice de leurs fonctions.

Lorsque, par l'effet de cette garantie, le montant du cautionnement aura été employé en tout ou en partie, le notaire sera suspendu de ses fonctions jusqu'à ce que le cautionnement ait été entièrement rétabli; et, faute par lui de rétablir dans les six mois l'intégralité du cautionnement, il sera considéré comme démissionnaire et remplacé.

Art. 34. — Le cautionnement sera fixé par le gouvernement, en raison combinée des ressort et résidence de chaque notaire, d'après un *minimum* et un *maximum*, suivant le tableau ci-après, savoir :

| | POUR LES NOTAIRES DES RESSORTS ET RÉSIDENCES | | | | | |
|---|---|---|---|---|---|---|
| | DE TRIBUNAUX D'APPEL. — Droits. | | DE TRIBUNAUX DE 1re INSTANCE. — Droits. | | DE JUSTICES DE PAIX. — Droits. | |
| | *Minim.* | *Maxim.* | *Minim.* | *Maxim.* | *Minim.* | *Maxim.* |
| au-dessous de 5,000 hab. . | » | » | 1,000 fr. | 1,500 fr. | 500 fr. | 800 fr. |
| de 5,000 à 10,000. . . . | 2,000 fr. | 2,500 fr. | 1,500 | 1,800 | 800 | 1,000 |
| de 10,000 à 25,000. . . . | 2,500 | 3,200 | 1,800 | 2,200 | 1,000 | 1,400 |
| de 25,000 à 50,000. . . . | 3,200 | 3,800 | 2,200 | 2,800 | 1,400 | 2,000 |
| de 50,000 à 75,000. . . . | 3.800 | 4,400 | 2,800 | 3,400 | » | » |
| de 75,000 à 100,000. . . | 4,400 | 5,000 | 3,400 | 4,000 | » | » |
| de 100,000 et au-dessus. . | » | 6,000 | » | » | » | » |
| de Paris. . . . . . . . . | » | 12,000 | » | » | » | » |

Ces cautionnements seront versés, remboursés et les intérêts payés conformément aux lois sur les cautionnements, sous la déduction de tous versements antérieurs. ( V. *loi* 28 avril 1816. )

SECTION II.

*Conditions pour être admis, et mode de nomination du notariat.*

Art. 35. — Pour être admis aux fonctions de notaire, il faudra :

1° Jouir de l'exercice des droits de citoyen;

2° Avoir satisfait aux lois sur la conscription militaire ;

3° Etre âgé de vingt-cinq ans accomplis ;

4° Justifier du temps de travail prescrit par les articles suivants.

Art. 36. — Le temps de travail ou stage sera, sauf les exceptions ci-après, de six années entières et non interrompues, dont une des deux dernières, au moins, en qualité de premier clerc chez un notaire d'une classe égale à celle où se trouvera la place à remplir.

Art. 37. — Le temps de travail pourra n'être que de quatre années, lorsqu'il en aura été employé trois dans l'étude d'un notaire d'une classe supérieure à la place qui devra être remplie, et lorsque, pendant la quatrième, l'aspirant aura travaillé en qualité de premier clerc chez un notaire d'une classe supérieure ou égale à celle où se trouvera la place pour laquelle il se présentera.

Art. 38. — Le notaire déjà reçu et exerçant depuis un an dans une classe inférieure sera dispensé de toute justification de stage, pour être admis à une place de notaire vacante dans une classe immédiatement supérieure.

Art. 39. — L'aspirant qui aura travaillé pendant quatre ans sans interruption chez un notaire de première ou de seconde classe, et qui aura été, pendant deux ans au moins, défenseur ou avoué près d'un tribunal civil, pourra être admis dans une des classes où il aura fait son stage, pourvu que, pendant l'une des deux dernières années de son stage, il ait travaillé en qualité de premier clerc chez un notaire d'une classe égale à celle où se trouvera la place à remplir.

Art. 40. — Le temps de travail exigé par les articles précédents devra être d'un tiers en sus, toutes les fois que l'aspirant ayant travaillé chez un notaire d'une classe inférieure se présentera pour remplir une place d'une classe immédiatement supérieure.

Art. 41. — Pour être admis à exercer dans la troisième classe de notaires, il suffira que l'aspirant ait travaillé pendant trois années chez un notaire de première ou de seconde classe, ou qu'il ait exercé comme défenseur ou avoué, pendant l'espace de deux années, auprès du tribunal d'appel ou de première instance, et qu'en outre il ait travaillé pendant un an chez un notaire.

Art. 42. — Le gouvernement pourra dispenser de la justification du temps d'étude les individus qui auront exercé des fonctions administratives ou judiciaires.

Art. 43. — L'aspirant demandera à la chambre de discipline du ressort dans lequel il devra exercer, un certificat de moralité et de capacité. Le certificat ne pourra être délivré qu'après que la chambre aura fait parvenir au commissaire du gouvernement du tribunal de première instance l'expédition de la délibération qui l'aura accordé.

Art. 44. — En cas de refus, la chambre donnera un avis motivé, et le communiquera au commissaire du gouvernement, qui l'adressera au grand juge avec ses observations.

Art. 45. — Les notaires seront nommés par le premier consul, et obtiendront de lui une commission qui énoncera le lieu fixe de la résidence.

Art. 46. — Les commissions de notaires seront, dans leur intitulé, adressées au tribunal de première instance dans le ressort duquel le pourvu aura sa résidence.

Art. 47. — Dans les deux mois de sa nomination et à peine de déchéance, le pourvu sera tenu de prêter, à l'audience du tribunal auquel la commission aura été adressée, le serment que la loi exige de tout fonctionnaire public, ainsi que celui de remplir ses fonctions avec exactitude et probité.

Il ne sera admis à prêter serment qu'en représentant l'original de sa commission et la quittance du versement de son cautionnement.

Il sera tenu de faire enregistrer le procès-verbal de prestation de serment au secrétariat de la municipalité du lieu où il devra résider, et aux greffes de tous les tribunaux dans le ressort desquels il doit exercer.

Art. 48. — Il n'aura le droit d'exercer qu'à compter du jour où il aura prêté serment.

Art. 49. — Avant d'entrer en fonctions, les notaires devront déposer au greffe de chaque tribunal de première instance de leur département, et au secrétariat de la municipalité de leur résidence, leur signature et paraphe.

Les notaires à la résidence des tribunaux d'appel feront, en outre, ce dépôt aux greffes des autres tribunaux de première instance de leur ressort.

SECTION III.

*Chambres de discipline.*

Art. 50. — Les chambres qui seront établies pour la discipline intérieure des notaires seront organisées par des règlements.

Art. 51. — Les honoraires et vacations des notaires seront réglés à l'amiable entre eux et les parties ; sinon par le tribunal civil de la résidence du notaire, sur l'avis de la chambre et sur simples mémoires sans frais.

Art. 52. — Tout notaire suspendu, destitué ou remplacé, devra, aussitôt après la notification qui lui aura été faite de sa suspension, de sa destitution ou de son remplacement, cesser l'exercice de son état, à peine de tous dommages et intérêts, et des autres condamnations prononcées par les lois contre tout fonctionnaire suspendu ou destitué qui continue l'exercice de ses fonctions.

Le notaire suspendu ne pourra les reprendre, sous les mêmes peines, qu'après la cessation du temps de la suspension. (P. 197.)

Art. 53. — Toutes suspensions, destitutions, condamnations d'amende et dommages-intérêts, seront prononcées contre les notaires par le tribunal civil de leur résidence, à la poursuite des parties intéressées, ou d'office à la poursuite et diligence du commissaire du gouvernement.

Ces jugements seront sujets à l'appel et exécutoires par provision, excepté quant aux condamnations pécuniaires.

SECTION IV.

*Garde, transmission, tables des minutes et recouvrements.*

Art. 54. — Les minutes et répertoires d'un notaire remplacé ou dont la place aura été supprimée, pourront être remis par lui ou par ses héritiers à l'un des notaires résidant dans la même commune, si le remplacé était le seul notaire établi dans la commune.

Art. 55. — Si la remise des minutes et répertoires du notaire remplacé n'a pas été effectuée conformément à l'article précédent, dans le mois à compter du jour de la prestation de serment du successeur, la remise en sera faite à celui-ci.

Art. 56. — Lorsque la place de notaire sera supprimée, le titulaire ou ses héritiers seront tenus de remettre les minutes et répertoires, dans le délai de deux mois du jour de la suppression, à l'un des notaires de la commune, ou à l'un des notaires du canton, conformément à l'article 54.

Art. 57. — Le commissaire du gouvernement près le tribunal de première instance est chargé de veiller à ce que les remises ordonnées par les articles précédents soient effectuées ; et dans le cas de suppression de la place, si le titulaire ou ses héritiers n'ont pas fait choix, dans les délais prescrits, du notaire à qui les minutes et répertoires devront être remis, le commissaire indiquera celui qui en demeurera dépositaire.

Le titulaire ou ses héritiers en retard de satisfaire aux dispositions des articles 55 et 56 seront condamnés à cent francs d'amende par chaque mois de retard, à compter du jour de la sommation qui leur aura été faite d'effectuer la remise.

Art. 58. — Dans tous les cas, il sera dressé un état sommaire des minutes remises, et le notaire qui les recevra s'en chargera au pied de cet état, dont un double sera remis à la chambre de discipline.

Art. 59. — Le titulaire ou ses héritiers, et le notaire qui recevra les minutes aux termes des articles 54, 55 et 56, traiteront de gré à gré des recouvrements, à raison des actes dont les honoraires sont encore dus et du bénéfice des expéditions.

S'ils ne peuvent s'accorder, l'appréciation en sera faite par deux notaires dont les parties conviendront, ou qui seront nommés d'office parmi les notaires de la même résidence, ou à leur défaut, parmi ceux de la résidence la plus voisine.

Art. 60. — Tous dépôts de minutes sous la dénomination de *chambres de contrats*, *bureaux de tabellionage* et autres, sont maintenus à la garde de leurs possesseurs actuels. Les grosses et expéditions ne pourront en être délivrées que par un notaire de la résidence des dépôts, ou, à défaut, par un notaire de la résidence la plus voisine.

Néanmoins, si lesdits dépôts de minutes ont été remis au greffe d'un tribunal, les grosses et expéditions pourront, dans ce cas seulement, être délivrées par le greffier.

Art. 61. — Immédiatement après le décès du notaire ou autre possesseur de minutes, les minutes et répertoires seront mis sous les scellés par le juge de paix de la résidence, jusqu'à ce qu'un autre notaire en ait été provisoirement chargé par ordonnance du président du tribunal de la résidence.

## TITRE III.

### Des Notaires actuels.

Art. 62. — Sont maintenus définitivement tous les notaires qui, au jour de la promulgation de la présente loi, seront en exercice.

Art. 63. — Sont également maintenus définitivement les notaires qui, au jour de la promulgation de la présente loi, n'ayant point été remplacés, n'auraient interrompu l'exercice de leurs fonctions ou n'auraient été empêchés d'y entrer que pour cause soit d'incompatibilité, soit de service militaire.

Art. 64. — Tous lesdits notaires exerceront ou continueront d'exercer leurs fonctions, et conserveront rang entre eux suivant la date de leurs réceptions respectives.

Mais ils seront tenus, dans les trois mois du jour de la publication de la présente loi,

1° De remettre au greffe du tribunal de première instance de leur résidence, et sur un récépissé du greffier, tous les titres et pièces concernant leurs précédentes nomination et réception ;

2° De se pourvoir avec ce récépissé auprès du gouvernement, à l'effet d'obtenir du premier consul une commission confirmative, dans laquelle seront rappelés la date de leur nomination et réception primitive, ainsi que le lieu fixe de leur résidence.

Art. 65. — Dans les deux mois qui suivront la délivrance de cette commission, chacun desdits notaires sera tenu de prêter le serment prescrit par l'article 47, et de se conformer aux dispositions de l'article 49 pour le dépôt des signature et paraphe.

Le présent article et le précédent seront exécutés à peine de déchéance.

Art. 66. — Les notaires qui réunissent des fonctions incompatibles seront tenus, dans les trois mois du jour de la publication de la présente loi, de faire leur option et d'en déposer l'acte au greffe du tribunal de première instance de leur résidence : sinon ils seront considérés comme ayant donné leur démission de l'état de notaire et remplacés; et, dans le cas où ils continueraient à l'exercer, ils encourront les peines prononcées par l'article 52. ( Pr. 197. )

Art. 67. — A compter du jour de leur option, ils auront un délai de trois mois pour obtenir la commission du premier consul, et pour remplir les formalités prescrites aux articles 47 et 49 ; le tout sous les mêmes peines.

*Dispositions générales.*

Art. 68. — Tout acte fait en contravention aux dispositions contenues aux articles 6, 8, 9, 10, 14, 20, 52, 64, 65, 66 et 67, est nul, s'il n'est pas revêtu de la signature de toutes les parties ; et lorsque l'acte sera revêtu de la signature de toutes les parties contractantes, il ne vaudra que comme écrit sous signature privée : sauf, dans les deux cas, s'il y a lieu, les dommages-intérêts contre le notaire contrevenant.

Art. 69. — La loi du 6 octobre 1791 et toutes autres sont abrogées en ce qu'elles ont de contraire à la présente.

---

*Extrait de la loi du 28 avril 1816.*

Art. 91. — Les avocats à la cour de cassation, notaires, avoués, greffiers, huissiers, agents de change, courtiers, commissaires-priseurs, pourront présenter, à l'agrément de Sa Majesté, des successeurs, pourvu qu'ils réunissent les qualités exigées par les lois. Cette faculté n'aura pas lieu pour les titulaires destitués.

Il sera statué par une loi particulière sur l'exécution de cette disposition, et sur les moyens d'en faire jouir les héritiers ou ayants cause desdits officiers.

Cette faculté de présenter des successeurs ne déroge point, au surplus, au droit de Sa Majesté de réduire le nombre desdits fonctionnaires dans les cas prévus par la loi du 25 ventôse an XI sur le notariat.

---

*Ordonnance du Roi du 4 janvier 1843 sur l'organisation des chambres de notaires et la discipline du notariat. — Abrogation de l'arrêté du 2 niv. an XII. — Rapport au Roi par M. le Garde des sceaux.*

RAPPORT AU ROI.

Sire,

Le notariat a toujours été environné d'une grande considération. Le législateur de l'an XI, en donnant aux notaires le titre de fonctionnaires publics, a proclamé l'importance de leur profession. La nécessité de la soumettre à des conditions particulières et à un régime spécial n'a jamais été méconnue, et même à l'époque où des idées exagérées de concurrence et d'égalité dominaient dans la législation, elle a échappé à la suppression qui avait frappé les différentes corporations groupées autour de la magistrature. C'est l'étendue de la confiance que le notariat doit inspirer qui le place dans ce rang élevé : cette confiance ne s'applique pas à des faits isolés ; les actes pour lesquels son intervention est réclamée se rattachent à tous les événements successifs de la vie de la famille, et à toutes les transactions qu'amènent le mouvement des affaires et les déplacements volontaires de la propriété : c'est ainsi qu'appelés à constater les volontés les plus sacrées et à donner force aux droits les plus précieux, les notaires exercent une sorte de magistrature qui contribue puissamment au repos des familles et au maintien de la moralité publique.

Mais plus l'institution a d'importance et d'utilité, plus il est nécessaire de réprimer les abus qui tendraient à s'y introduire. Dans ces dernières années, des fautes graves ont été révélées, des désastres dont la pensée publique s'est vivement émue ont éclaté, et l'on s'est demandé s'il ne devenait pas nécessaire de donner une force nouvelle aux moyens consacrés par la loi pour prévenir le retour de semblables malheurs.

Aux termes de la loi du 25 ventôse an XI, le notariat est placé sous la surveillance des tribunaux. Il est juste et convenable, en effet, que la magistrature étende son autorité sur des fonctionnaires entre les mains desquels la loi remet les intérêts des justiciables, et qui, par leur origine, remontent aux premiers établissements de l'ordre judiciaire.

Auprès des tribunaux existent des chambres de discipline chargées d'aider cette surveillance.

Ces chambres ont été instituées par l'arrêté du 2 nivôse an XII, qui a conféré aux notaires eux-mêmes le droit de les former par voie d'élection.

Pris en vertu du pouvoir que l'art. 50 de la loi de ventôse an XI conférait au gouvernement, cet arrêté n'a pas cessé d'être en vigueur; mais il avait sagement prévu, dans son art. 23, que l'expérience rendrait nécessaire une organisation plus complète des chambres de discipline : c'est l'accomplissement de cette prévision que nous nous sommes proposé en préparant le projet d'ordonnance que nous venons soumettre à Votre Majesté.

Les dispositions nouvelles de ce projet, qui a été délibéré en conseil d'État, ont pour but de fortifier, en matière de discipline, l'action des chambres de notaires et celle des tribunaux.

La plus importante des modifications adoptées est celle qui donne aux chambres des notaires le droit de provoquer la destitution des membres de la compagnie qui ont manqué à la probité, à l'honneur ou aux règles de leur ordre. Le nouveau droit qui leur est conféré leur permettra d'exercer leur surveillance avec plus d'autorité.

L'arrêté de l'an XII ne s'était pas occupé de régler ce qui a rapport à la cléricature, et d'offrir une récompense aux notaires qui se retirent après avoir exercé leurs fonctions avec distinction.

Cependant, veiller à ce que les aspirants au notariat s'y disposent par un travail assidu et une conduite régulière, promettre une rémunération à la fin d'une carrière honorablement parcourue, c'est préparer de bons choix, c'est encourager les efforts vers le bien.

Deux titres du projet d'ordonnance sont consacrés aux aspirants à la profession de notaire et à l'honorariat.

Les chambres surveilleront la conduite des aspirants, et s'assureront qu'ils se rendent dignes des fonctions auxquelles ils prétendent.

Quant à l'honorariat, une ordonnance rendue par Votre Majesté le conférera sur la proposition des chambres de discipline et le rapport du ministre de la justice.

Cette disposition donne un nouveau relief à l'institution; elle place le notariat sous l'influence de cette pensée d'ordre et de conservation, si chère à la magistrature, qui rattache les magistrats, *comme membres honoraires*, aux *compagnies dont ils* cessent de partager les travaux.

L'art. 12 renferme une des dispositions principales du projet : il défend aux notaires de se livrer à certaines opérations qu'il détermine; la plupart ne sont pas répréhensibles en elles-mêmes, mais elles tendent à compromettre la position de ces officiers publics, et à exposer leurs clients à des risques contre lesquels ceux-ci sont sans défense, parce qu'ils n'ont pas dû les prévoir. La règle est que les notaires doivent se renfermer soigneusement dans l'exercice de leurs fonctions.

Les tribunaux, qui sont chargés par la loi de l'an XI de la discipline du notariat, feront respecter ces règles, dont l'application rassurera l'opinion publique. En même temps qu'ils veilleront à ce que ces prohibitions soient scrupuleusement observées à l'avenir, ils apporteront une sage mesure dans l'appréciation des faits qui ont été accomplis notoirement, de bonne foi et sans contradiction, soit des chambres de discipline, soit des magistrats.

L'ordonnance dont je viens d'exposer les bases principales manifeste clairement la juste sollicitude dont le gouvernement du Roi est animé pour le notariat; elle se rattache soigneusement dans toutes ses prescriptions aux principes de l'institution telle que l'ont faite les lois antérieures et les nécessités révélées par l'expérience : c'est dire assez que, tout en réservant dans toute sa plénitude le droit de nomination, dépendance nécessaire de la puissance publique, et garantie indispensable contre les abus, le gouvernement regarde aussi comme hors d'atteinte le droit de transmission des offices créé par la loi du 28 avril 1816. A aucune époque, il n'a songé à admettre ni à proposer aucune altération de ce droit, et les inquiétudes qui ont pu se répandre à ce sujet n'ont jamais eu le moindre fondement.

J'ai l'honneur de soumettre à Votre Majesté le projet d'ordonnance relatif à l'organisation des chambres de notaires et à la discipline du notariat.

Je suis, avec le plus profond respect,

Sire,

De Votre Majesté,

Le très-humble, très-obéissant et très-fidèle serviteur.

*Le Garde des sceaux, Ministre secrétaire d'État au département de la Justice et des Cultes,*

N. MARTIN (du Nord).

---

ORDONNANCE DU ROI.

LOUIS-PHILIPPE, ROI DES FRANÇAIS,

A tous présents et à venir, salut.

Sur le rapport de notre garde des sceaux, ministre secrétaire d'État au département de la justice et des cultes;

Vu la loi du 25 ventôse an XI, contenant organisation du notariat, et l'arrêté du 2 nivôse an XII, relatif à l'établissement et à l'organisation des chambres de notaires;

Notre conseil d'État entendu,

Nous avons ordonné et ordonnons ce qui suit :

*Chambre de discipline des notaires et ses attributions.*

Art. 1er. — Il y a près de chaque tribunal civil de première instance, et dans la ville où il siége, une chambre des notaires, chargée du maintien de la discipline parmi les notaires de l'arrondissement.

Art. 2. — Les attributions de la chambre sont :

1° De prononcer ou de provoquer, suivant les cas, l'application de toutes les dispositions de discipline ;

2° De prévenir ou de concilier tous différends entre notaires, et notamment ceux qui pourraient s'élever, soit sur des communications, remises, dépôts ou rétentions de pièces, fonds et autres objets quelconques, soit sur des questions relatives à la réception et garde des minutes, à la préférence ou concurrence dans les inventaires, partages, ventes ou adjudications et autres actes ; et, en cas de non-conciliation, d'émettre son opinion par simple avis ;

3° De prévenir ou concilier également toutes plaintes et réclamations de la part de tiers contre des notaires, à raison de leurs fonctions ; donner simplement son avis sur les dommages-intérêts qui pourraient être dus, et réprimer, par voie de censure et autres dispositions de discipline, toutes infractions qui en seraient l'objet, sans préjudice de l'action devant les tribunaux, s'il y a lieu ;

4° De donner son avis sur les difficultés concernant le règlement des honoraires et vacations des notaires, ainsi que sur les différends soumis à cet égard au tribunal civil ;

5° De délivrer ou refuser tous certificats de bonnes mœurs et capacité à elle demandés par les aspirants aux fonctions de notaire, prendre à ce sujet toutes délibérations, donner tous avis motivés, les adresser ou communiquer à qui de droit ;

6° De recevoir en dépôt les états des minutes dépendant des études de notaires supprimées ;

7° De représenter tous les notaires de l'arrondissement collectivement sous le rapport de leurs droits et intérêts communs.

Art. 3. — Toute décision ou délibération sera inscrite sur un registre coté et paraphé par le président de la chambre.

Ce registre sera communiqué au ministère public à sa première réquisition.

### *Organisation de la chambre.*

Art. 4. — Les notaires de chaque arrondissement choisissent parmi eux les membres de leur chambre.

La chambre des notaires de Paris est composée de dix-neuf

membres ; les chambres établies dans les arrondissements où le nombre des notaires est au-dessus de cinquante sont composées de neuf membres ; celles de tous les autres arrondissements, de sept.

Art. 5. — Les chambres ne peuvent délibérer valablement qu'autant que les membres présents et votants sont au moins au nombre de douze pour Paris, de sept pour les chambres composées de neuf membres, et de cinq pour les autres chambres.

Art. 6. — Les membres de la chambre choisissent entre eux un président, un syndic, un rapporteur, un secrétaire et un trésorier.

Le président a voix prépondérante en cas de partage d'opinions ; il convoque la chambre extraordinairement quand il le juge à propos, ou sur la réquisition motivée de deux autres membres ; il a la police de la chambre.

Le syndic est partie poursuivante contre les notaires inculpés ; il est entendu préalablement à toutes délibérations de la chambre, qui est tenue de statuer sur ses réquisitions ; il a, comme le président, le droit de la convoquer ; il poursuit l'exécution de ses délibérations dans la forme ci-après déterminée ; enfin, il agit pour la chambre dans tous les cas et conformément à ce qu'elle a délibéré.

Le rapporteur recueille les renseignements sur les faits imputés aux notaires, et en fait rapport à la chambre.

Le secrétaire rédige les délibérations de la chambre, est gardien des archives et délivre toutes les expéditions.

Le trésorier fait les recettes et dépenses autorisées par la chambre. A la fin de chaque trimestre, la chambre assemblée arrête son compte et lui en donne décharge.

Art. 7. — Le nombre des syndics peut être porté à trois pour Paris, et à deux pour les chambres dont le ressort comprend plus de cinquante notaires.

Art. 8. — Le président ou le syndic et le secrétaire des chambres établies dans un chef-lieu de cour royale sont nécessairement choisis parmi les notaires résidant au chef-lieu.

Quant aux autres chambres, le président ou le syndic, ou le secrétaire, est nécessairement choisi parmi les notaires de la ville où siége le tribunal de première instance.

Lorsque le secrétaire ne réside pas dans la ville où siége le tribunal, le président ou le syndic a la garde des archives, tient le registre prescrit par l'art. 33 ci-après, et délivre les expéditions des délibérations de la chambre.

Art. 9. — Une ordonnance royale peut, suivant les localités, réduire ou augmenter le nombre des membres qui doivent composer les chambres, conformément aux dispositions de l'art. 4. Dans ce cas, elle détermine le nombre des membres dont la présence est nécessaire à la validité des délibérations.

L'ordonnance qui réduira le nombre des membres de la chambre déclarera, s'il y a lieu, que les membres sortants pourront être réélus.

Art. 10. — Indépendamment des attributions particulières données aux membres désignés en l'art. 6, chacun d'eux a voix délibérative, ainsi que les autres membres, dans toutes les assemblées de la chambre: et néanmoins, lorsqu'il s'agit d'affaires où le syndic est partie poursuivante, il ne prend pas part à la délibération.

Art. 11. — Les fonctions spéciales attribuées par l'art. 6 à chacun des officiers de la chambre peuvent être cumulées lorsque le nombre des membres qui la composent est au-dessous de sept, dans le cas déterminé par l'art. 9 de la présente ordonnance; et néanmoins les fonctions de président, de syndic et de rapporteur, sont toujours exercées par trois personnes différentes.

Quel que soit le nombre des membres composant la chambre, les mêmes fonctions peuvent aussi être cumulées momentanément, en cas d'absence ou empêchement de quelqu'un des membres désignés en l'art. 6, lesquels, pour ce cas, se suppléent entre eux, ou peuvent même être suppléés par un autre membre de la chambre.

Les suppléants sont nommés par le président, ou, s'il est absent, par la majorité des membres présents en nombre suffisant pour délibérer.

*De la discipline.*

Art. 12. — Il est interdit aux notaires, soit par eux-mêmes, soit par personnes interposées, soit directement, soit indirectement :

1° De se livrer à aucune spéculation de bourse ou opération de commerce, banque, escompte et courtage ;

2° De s'immiscer dans l'administration d'aucune société, entreprise ou compagnie de finances, de commerce ou d'industrie ;

3° De faire des spéculations relatives à l'acquisition et à la revente des immeubles, à la cession des créances, droits successifs, actions industrielles et autres droits incorporels ;

4° De s'intéresser dans aucune affaire pour laquelle ils prêtent leur ministère ;

5° De placer en leur nom personnel des fonds qu'ils auraient reçus, même à la condition d'en servir l'intérêt ;

6° De se constituer garants ou cautions, à quelque titre que ce soit, des prêts qui auraient été faits par leur intermédiaire, ou qu'ils auraient été chargés de constater par acte public ou privé ;

7° De se servir de prête-noms en aucune circonstance, même pour des actes autres que ceux désignés ci-dessus.

Art. 13. — Les contraventions aux prohibitions portées en l'article précédent seront, ainsi que les autres infractions à la discipline, poursuivies, lors même qu'il n'existerait aucune partie plaignante, et punies, suivant la gravité des cas, en conformité des dispositions de la loi du 25 ventôse an XI et de la présente ordonnance.

Art. 14. — La chambre pourra prononcer contre les notaires, suivant la gravité des cas, soit le rappel à l'ordre, soit la censure simple par la décision même, soit la censure avec réprimande, par le président, aux notaires en personne, dans la chambre assemblée, soit la privation de voix délibérative dans l'assemblée générale, soit l'interdiction de l'entrée de la chambre pendant un espace de temps qui ne pourra excéder trois ans, pour la première fois, et qui pourra s'étendre à six ans en cas de récidive.

Art. 15. — Si l'inculpation paraît assez grave pour mériter la suspension ou la destitution du notaire inculpé, la chambre s'adjoindra, par la voie du sort, d'autres notaires de l'arrondissement, savoir : celle de Paris, dix notaires, et les autres chambres un nombre inférieur de deux à celui de leurs membres.

La chambre ainsi composée émettra, par forme de simple avis, et à la majorité absolue des voix, son opinion sur la suspension et sa durée, ou sur la destitution.

Les voix seront recueillies, en ce cas, au scrutin secret, par *oui* ou par *non;* mais l'avis ne pourra être formé qu'autant que les deux tiers au moins de tous les membres appelés à l'assemblée seront présents.

Art. 16. — Quand la chambre, ainsi composée, sera d'avis de provoquer la suspension ou la destitution, une expédition du procès-verbal de sa délibération sera déposée au greffe du tribunal, et une expédition en sera remise au procureur du roi.

Art. 17. — Le syndic déférera à la chambre les faits relatifs à la discipline, et il sera tenu de les lui dénoncer, soit d'office, soit sur l'invitation du procureur du roi, soit sur la provocation des parties intéressées ou d'un des membres de la chambre.

Le notaire inculpé sera cité à comparaître devant la chambre dans un délai qui ne pourra être au-dessous de cinq jours, à la diligence du syndic, par une simple lettre indicative des faits, signée de lui, et envoyée par le secrétaire, qui en tiendra note.

Si le notaire ne comparaît point sur la lettre du syndic, il sera cité une seconde fois, dans le même délai, à la même diligence, par ministère d'huissier.

Art. 18. — Quant aux différends entre notaires et aux difficultés sur lesquelles la chambre est chargée d'émettre son avis, les notaires pourront se présenter contradictoirement et sans citation préalable devant la chambre; ils pourront également y être cités, soit par simples lettres énonçant les faits, signées des notaires qui s'adressent à la chambre, et envoyées par le secrétaire, auquel ils en remettent des doubles, soit par des actes d'huissier, dont ils déposeront les originaux au secrétariat. Les lettres et citations seront préalablement visées par le président de la chambre. Le délai pour comparaître sera celui fixé par l'art. 17 de la présente ordonnance.

Art. 19. — Lorsqu'un notaire sera parent ou allié, en ligne directe, à quelque degré que ce soit, et en ligne collatérale jusqu'au degré d'oncle ou de neveu inclusivement, de la partie plaignante ou du notaire inculpé ou intéressé, il ne pourra prendre part à la délibération.

Art. 20. — La chambre prendra ses délibérations sur les plaintes et réclamations des tiers, après avoir entendu ou dûment appelé, dans la forme ci-dessus prescrite, les notaires inculpés ou intéressés, ensemble les tiers qui voudront être entendus, et qui, dans tous les cas, pourront se faire représenter ou assister par un notaire.

Les délibérations de la chambre seront motivées et signées par le président et le secrétaire à la séance même où elles seront prises.

Chaque délibération contiendra les noms des membres présents.

Ces délibérations n'étant que de simples actes d'administration, d'ordre ou de discipline, ou de simples avis, ne sont, dans aucun cas, sujettes à l'enregistrement, non plus que les pièces y relatives.

Les délibérations de la chambre sont notifiées, quand il y a lieu, dans la même forme que les citations, et il en est fait mention par le secrétaire en marge desdites délibérations.

Art. 21. — Les assemblées de la chambre se tiendront en un local à ce destiné, dans la ville où elle sera établie.

Art. 22. — Il y aura chaque année deux assemblées générales des notaires de l'arrondissement.

D'autres assemblées générales pourront avoir lieu toutes les fois que la chambre le jugera convenable.

Les assemblées générales ou extraordinaires seront convoquées conformément aux dispositions de l'art. 6.

Tous les notaires du ressort de la chambre seront invités à s'y rendre, soit pour les nominations dont parle l'art. 25 ci-après, soit pour se concerter sur ce qui intéressera l'exercice de leurs fonctions.

Art. 23. — Les règlements qui seront faits soit par l'assemblée générale, soit par la chambre, seront remis au procureur du roi, adressés par lui au procureur général, et soumis à l'approbation de notre garde des sceaux, ministre de la justice.

Art. 24. — La présence du tiers des notaires de l'arrondissement, non compris les membres de la chambre, sera nécessaire pour la validité des délibérations de l'assemblée générale et pour les élections auxquelles elle procédera.

*Nomination des membres de la chambre et durée de leurs fonctions.*

Art. 25. — Les membres de la chambre seront nommés par l'assemblée générale des notaires, convoquée à cet effet.

La moitié au moins desdits membres sera choisie dans les plus anciens en exercice, formant les deux tiers de tous les notaires du ressort.

Deux au moins des membres appelés à faire partie des chambres établies dans un chef-lieu de cour royale seront nécessairement choisis parmi les notaires résidant au chef-lieu.

Quant aux autres chambres, un de leurs membres sera nécessairement choisi parmi les notaires de la ville où siége le tribunal de première instance.

La nomination aura lieu à la majorité absolue des voix, au scrutin secret, et par bulletin de liste contenant un nombre de noms qui ne pourra excéder celui des membres à nommer.

Le notaire élu membre de la chambre ne pourra refuser les fonctions qui lui auront été déférées, qu'autant que son refus aura été agréé par l'assemblée générale.

Art. 26. — La chambre sera renouvelée par tiers chaque année, pour les nombres qui comportent cette division, et par portion approchant le plus du tiers pour les autres nombres, en faisant alterner chaque année les portions inférieures et supérieures au tiers, mais en commençant par les inférieures, et de manière que dans tous les cas aucun membre ne puisse rester en fonctions plus de trois ans consécutifs, sauf ce qui est dit en l'article précédent.

Art. 27. — Les membres désignés pour composer la chambre nommeront entre eux, en suivant le mode de l'art. 25, le président et les autres officiers dont parle l'art. 6. Le président sera toujours pris parmi les plus anciens désignés dans l'art. 25, sauf l'application de l'art. 8.

Ces nominations se renouvelleront chaque année; les mêmes pourront être réélus; à égalité de voix, le plus ancien d'âge sera préféré.

Les membres élus officiers ne pourront refuser.

Art. 28. — La nomination des membres de la chambre aura lieu dans la première quinzaine du mois de mai de chaque année.

L'élection des officiers sera faite au plus tard le 15 mai, et la chambre sera constituée aussitôt après cette élection.

*Des notaires honoraires.*

Art. 29. — Le titre de notaire honoraire pourra être conféré par nous, sur la proposition de la chambre et le rapport de notre garde des sceaux, ministre de la justice, aux notaires qui auront exercé leurs fonctions pendant vingt années consécutives.

Art. 30. — Les notaires honoraires auront le droit d'assister aux assemblées générales. Ils auront voix consultative.

*Des aspirants au notariat.*

Art. 31. — Tout clerc qui aspirera aux fonctions de notaire se pourvoira d'un certificat du notaire chez lequel il travaillera. Ce certificat constatera le grade qu'il occupe dans l'étude du notaire.

Art. 32. — L'inscription au stage prescrit par les art. 36 et suivants de la loi du 25 ventôse an XI aura lieu sur la production faite par l'aspirant de son acte de naissance et du certificat mentionné en l'article précédent.

Art. 33. — Il sera tenu à cet effet, par le secrétaire, un registre qui sera coté et paraphé par le président. Les inscriptions audit registre seront signées tant par le secrétaire de la chambre que par l'aspirant. Elles devront être faites dans les *trois mois* de la date du certificat délivré comme il est dit en l'art. 31. Ce certificat et l'acte de naissance de l'aspirant resteront déposés aux archives de la chambre.

Art. 34. — Aucun aspirant au notariat ne sera admis à l'inscription, s'il n'est âgé de dix-sept ans accomplis.

Art. 35. — Les inscriptions pour les grades inférieurs à celui de quatrième clerc ne seront admises que sur l'autorisation de la chambre, qui pourra la refuser lorsque le nombre de clercs demandé sera évidemment hors de proportion avec l'importance de l'étude.

Le même grade ne pourra être conféré concurremment à deux ou plusieurs clercs dans la même étude.

Art. 36. — Toutes les fois qu'un aspirant passera d'un grade à un autre, ou changera d'étude, il sera tenu d'en faire, dans les *trois mois*, la *déclaration*, qui sera reçue dans la forme prescrite par l'art. 33 ci-dessus. Cette déclaration sera toujours accompagnée d'un certificat constatant son grade.

Art. 37. — Les chambres exerceront une surveillance générale sur la conduite de tous les aspirants de leur ressort, et pourront, suivant les circonstances, prononcer contre eux soit le rappel à l'ordre, soit la censure, soit enfin la suppression du stage pendant un temps déterminé, qui ne pourra excéder une année.

Il sera procédé contre les clercs dans les mêmes formes que celles prescrites par la présente ordonnance à l'égard des notaires.

Néanmoins les dispositions des art. 15 et 16 ne seront pas applicables.

Dans tous les cas, le notaire dans l'étude duquel travaillera le clerc inculpé sera préalablement entendu ou appelé.

Art. 38. — Dans le mois de la publication de la présente ordonnance, le registre d'inscription prescrit par l'art. 33 sera ouvert au secrétariat des chambres où ce mode de constater le stage ne serait pas déjà établi.

Tous les aspirants travaillant dans les études du ressort desdites chambres seront tenus de se faire inscrire au plus tard avant le 1er avril prochain, et la première inscription de chacun d'eux, faite dans ledit délai, constatera tout le temps du stage qui leur sera déjà acquis en vertu des certificats qu'ils représenteront, lesquels, pour cette première inscription, devront être visés par le syndic de la chambre.

*De la bourse commune.*

Art. 39. — Il y aura une bourse commune pour les dépenses de la chambre.

Il n'y sera versé que les sommes nécessaires pour subvenir aux dépenses votées par l'assemblée générale.

La délibération par laquelle l'assemblée générale l'aura établie sera soumise à l'approbation de notre garde des sceaux, ministre de la justice, ainsi qu'il est dit en l'art. 23 ci-dessus.

La répartition des sommes votées entre les notaires de l'arrondissement sera proposée par l'assemblée générale; le rôle en sera rendu exécutoire par le premier président, sur l'avis du procureur général.

*Dispositions générales.*

Art. 40. — L'arrêté du 2 nivôse an XII est abrogé.

Néanmoins les chambres actuellement en exercice sont maintenues.

Elles seront organisées conformément à la présente ordonnance, lors du renouvellement triennal qui aura lieu dans la première quinzaine du mois de mai prochain.

Notre garde des sceaux, ministre secrétaire d'État au département de la justice et des cultes, est chargé de l'exécution de la présente ordonnance, qui sera insérée au *Bulletin des Lois.*

Donné au palais des Tuileries, le 4 janvier 1843.

LOUIS-PHILIPPE.

Par le Roi :

*Le Garde des sceaux, Ministre secrétaire d'État au département de la Justice et des Cultes,*

N. Martin (du Nord).

*Loi du 21 juin 1843 sur la forme des actes notariés.*

**LOUIS-PHILIPPE**, ROI DES FRANÇAIS, à tous présents et à venir, salut.

Nous avons proposé, les Chambres ont adopté, NOUS AVONS ORDONNÉ et ORDONNONS ce qui suit :

Art. 1er. — Les actes notariés passés depuis la promulgation de la loi du 25 ventôse an XI ne peuvent être annulés par le motif que le notaire en second ou les deux témoins instrumentaires n'auraient pas été présents à la réception desdits actes.

Art. 2. — A l'avenir, les actes notariés contenant donation entre-vifs, donation entre époux pendant le mariage, révocation de donation ou de testament, reconnaissance d'enfants naturels, et les procurations pour consentir ces divers actes, seront, à peine de nullité, reçus conjointement par deux notaires, ou par un notaire en présence de deux témoins.

La présence du notaire en second ou des deux témoins n'est requise qu'au moment de la lecture des actes par le notaire et de la signature par les parties : elle sera mentionnée, à peine de nullité.

Art. 3. — Les autres actes continueront à être régis par l'article 9 de la loi du 25 ventôse an XI, tel qu'il est expliqué dans l'art. 1er de la présente loi.

Art. 4. — Il n'est rien innové aux dispositions du code civil sur la forme des testaments.

La présente loi, discutée, délibérée et adoptée par la Chambre des Pairs et par celle des Députés, et sanctionnée par nous cejourd'hui, sera exécutée comme loi de l'État.

DONNONS EN MANDEMENT à nos cours et tribunaux, préfets, corps administratifs, et tous autres, que les présentes ils gardent et maintiennent, fassent garder, observer et maintenir, et, pour les rendre plus notoires à tous, ils les fassent publier et enregistrer partout où besoin sera ; et, afin que ce soit chose ferme et stable à toujours, nous y avons fait mettre notre sceau.

Fait au palais de Neuilly, le 21ᵉ jour du mois de juin, l'an 1843.

*Signé* LOUIS-PHILIPPE.

Par le Roi :

*Le Garde des sceaux de France, Ministre secrétaire d'État au département de la Justice et des Cultes,*

*Signé* N. MARTIN (du Nord).

Vu et scellé du grand sceau.

Poitiers. — Imprimerie de F.-A. SAURIN.

# RÈGLEMENT INTÉRIEUR

# DES NOTAIRES

## DE L'ARRONDISSEMENT DE POITIERS.

---

## CHAPITRE PREMIER.

### DES DEVOIRS GÉNÉRAUX DES NOTAIRES.

### § Ier.

**Devoirs résultant de la nature de leurs fonctions.**

Art. 1er. — Les notaires, véritables magistrats de la juridiction volontaire, ont une mission qui puise toute son importance dans la confiance libre du public; ils doivent toujours se montrer dignes de cette confiance, mais l'attendre sans jamais la solliciter.

Art. 2. — La nature de leurs fonctions leur commande la plus grande circonspection dans toutes les actions de leur vie, qui doit être un modèle de loyauté et de délicatesse.

Art. 3. — Les notaires se doivent mutuellement les plus grands égards, et il est de leur devoir de repousser toute insinuation malveillante contre leurs collègues.

Art. 4. — Ils ne peuvent prendre, dans les actes qu'ils reçoivent, d'autre titre que celui de notaire.

Art. 5. — Les études de notaires ne seront indiquées à l'avenir que par des pannonceaux aux armes de France, sans aucune légende. Ces pannonceaux seront au nombre de deux au moins et de quatre au plus. Toutes autres indications seront supprimées dans le délai de trois mois de l'approbation du présent règlement.

Art. 6. — Les notaires ne peuvent s'associer entre eux ni avec des tiers, pour l'exercice des fonctions notariales. Deux notaires ne peuvent habiter la même maison.

Art. 7. — Il est défendu aux notaires de passer ou rédiger des actes dans les auberges, cafés ou cabarets, à moins que les personnes qui les habitent ne soient parties intéressées ; et dans ce cas ils éviteront de se placer dans le local où se fait le débit des boissons.

Les procès-verbaux d'adjudication qui ne seraient pas reçus soit dans l'étude du notaire, soit au domicile des parties, devront, autant que possible, être passés dans les salles de mairie, de justice de paix ou d'école communale.

Art. 8. — Les notaires seront tenus de soumettre à la chambre les difficultés qui pourront s'élever entre eux à l'occasion de leurs fonctions, et de se conformer à ses décisions.

Il leur est interdit d'avoir préalablement aucune discussion en présence des parties relativement au droit de concours et au partage des honoraires, dans les affaires qu'ils sont appelés, par le règlement, à traiter en commun.

Ils ne peuvent intenter directement ni indirectement aucune action judiciaire contre leurs collègues qu'après avoir pris l'avis de la chambre.

Art. 9. — Tout notaire inculpé, ou dans le cas de subir une action quelconque à l'occasion de ses fonctions, devra, avant toutes poursuites, ou immédiatement après la première poursuite, s'il n'a pu la prévoir, faire connaître à la chambre la position dans laquelle il se trouve relativement auxdites inculpations et poursuites.

Dans le cas où la contestation serait de nature à intéresser le notariat, la chambre pourrait se rendre partie au procès, ou autoriser le notaire à plaider aux frais de la compagnie.

Art. 10. — Les notaires doivent s'abstenir de solliciter ou de détourner, directement ni indirectement, les clients de leurs collègues, et de priver ceux-ci, en totalité ou en partie, des actes et des affaires qui leur appartiennent, soit en faisant faire ou en faisant eux-mêmes des démarches, soit en offrant leurs services, soit en employant tous autres moyens réprouvés par la délicatesse et la loyauté.

Il leur est formellement interdit de suggérer à leurs clients des conditions tendant à intervertir l'ordre qui sera ci-après établi pour la garde des minutes, ou à empêcher le droit de concours d'un second notaire.

Ils ne pourront déférer à des conditions qui auraient ce résultat, quand même elles seraient imposées par les clients et de leur propre mouvement.

Toutes transgressions des dispositions ci-dessus seront jugées souverainement par la chambre, qui appréciera les éléments propres à former sa conviction, sans avoir besoin d'appuyer ses décisions sur un commencement de preuve par écrit.

Art. 11. — Toutes conventions et remises, tous marchés et arrangements entre les notaires, à raison de leurs fonctions, et les officiers ministériels judiciaires, les agents et solliciteurs d'affaires, ou toute autre personne étrangère au notariat, sont prohibés.

Art. 12. — Il est défendu aux notaires d'apposer leurs signatures sur des actes qui leur seront présentés, rédigés et écrits par les parties, les avocats, avoués et agents d'affaires ;

De participer, soit en qualité d'agent ou de correspondant, soit à tout autre titre, aux opérations des sociétés ou agences d'affaires, de quelque nature qu'elles soient, et spécialement des agences de remplacement militaire ;

De laisser indiquer leur nom dans les affiches et annonces desdites sociétés et agences, ne fût-ce que pour donner des renseignements ;

Et enfin, de signer ou endosser des lettres de change, même pour leurs affaires privées, à moins qu'il ne s'agisse de recouvrements certains et d'envois de sommes par eux reçues pour leurs clients.

Art. 13. — Tout notaire convaincu d'avoir contrevenu aux prohibitions contenues dans les deux articles précédents sera passible, outre les peines disciplinaires, du versement à la bourse commune d'une somme double de celle à laquelle la chambre aura évalué les honoraires de l'acte ou de l'affaire, s'il en avait été perçu par le notaire.

Dans aucun cas la somme à verser ne pourra être moindre de CINQUANTE francs.

Art. 14. — L'abus des annonces pourra donner ouverture à l'action disciplinaire.

Art. 15. — Le notaire ne pourra, à raison de ses fonctions, se transporter hors de sa résidence à des époques périodiques, ni établir un cabinet autre que celui qui forme le siége de son étude.

Art. 16. — Le notaire remplacé ne pourra être admis, sans le consentement de son successeur, à traiter d'une autre étude du même canton ou d'un des cantons limitrophes.

Il ne pourra, sans le même consentement, traiter d'une étude au chef-lieu d'arrondissement que dix ans après la cessation de ses fonctions.

Art. 17. — Les notaires d'une même résidence ne pourront s'installer dans les maisons qui auront été occupées par un de leurs collègues, avant un délai de trois années, à compter du jour de la sortie de ces derniers, s'ils n'ont le consentement de ceux-ci, ou celui de leurs successeurs.

Art. 18. — Il est interdit aux notaires de procéder, hors de leur ressort, à une vente publique d'immeubles par actes sous signatures privées, ou même sur de simples notes, et de la réaliser ensuite soit dans leur étude, soit dans un lieu quelconque du ressort de leur résidence.

Art. 19. — Lorsqu'une prisée de meubles doit être faite hors du ressort d'un notaire, il ne peut y suppléer par un état estimatif déposé en son étude, ou annexé à l'inventaire des titres et papiers pour le compléter, lors même que l'inventaire ne concernerait que des majeurs.

Art. 20. — Pour se conformer à l'esprit de l'art. 8 de la loi du 25 ventôse an II, les notaires doivent s'abstenir de recevoir les actes où leurs parents et alliés au degré prohibé figurent comme mandataires, bien que ces derniers n'aient aucun intérêt personnel à ces actes.

## § II.

### Devoirs des Notaires envers leurs collègues et les tiers.

Art. 21. — Les notaires du même canton doivent réciproquement signer leurs actes en second, et assister, sur la demande de leurs collègues, à ceux pour lesquels la présence réelle des deux notaires est prescrite par la loi, sans pouvoir demander d'honoraires, à moins que le second notaire ne soit appelé par les parties, ou qu'il s'agisse d'un testament.

En cas de refus, le notaire refusant fera connaître ses motifs à la chambre de discipline.

Art. 22. — Les notaires doivent recevoir les actes dans lesquels leurs collègues du même arrondissement sont intéressés, sans pouvoir exiger de ceux-ci leur part contributive dans les honoraires.

Art. 23. — Lorsqu'un notaire sera absent, malade, ou momentanément empêché, il sera remplacé par un de ses collègues, qui n'agira que comme le substituant, et ne pourra rien prétendre dans les vacations et honoraires. La minute restera dans l'étude du notaire substitué, et l'acte sera porté sur les deux répertoires; néanmoins les testaments ne seront jamais reçus par substitution, et les minutes resteront au notaire qui aura instrumenté.

Art. 24. — Tout notaire consulté ou requis d'opérer sur un acte de l'un de ses collègues, qui s'aperçoit d'une erreur ou de motifs à contestation, doit en informer le notaire rédacteur, et s'expliquer avec lui avant de donner son avis et de procéder.

Art. 25. — Il est du devoir des notaires d'aider de leurs conseils et de tous leurs moyens la veuve et les enfants d'un notaire décédé.

La chambre de discipline, sur la demande des parties intéressées, nommera trois notaires parmi ceux en exercice, ou parmi les notaires honoraires, pour servir de conseils à la veuve et aux enfants du notaire décédé, dans le cas où ils croiraient devoir recourir aux lumières et au dévoûment de ce conseil officieux.

Art. 26. — En cas de décès d'un notaire, les honoraires des expéditions délivrées par le notaire commis en conformité de l'article 61 de la loi du 25 ventôse an XI appartiendront à la veuve et aux représentants du notaire décédé.

Art. 27. — Les notaires ne peuvent faire aucuns prêts d'argent, par l'entremise de prête-noms, même avec leurs deniers personnels; ils doivent s'abstenir autant que possible de faire des avances à leurs clients, et restreindre celles ayant pour objet les déboursés des actes qu'ils reçoivent et les délais de recouvrement de ces avances.

Afin d'intéresser le public à la prompte restitution des avances, les notaires devront ajouter à leur note de frais les intérêts de leurs déboursés, à partir du jour où ils auront été faits, lorsqu'ils dateront de plus d'une année.

Art. 28. — Lorsque le notaire ne veut pas faire l'avance des droits de l'enregistrement d'un acte, il doit en prévenir les parties avant la signature, et s'abstenir de recevoir cet acte.

Art. 29. — Les notaires doivent tenir écritures régulières de toutes leurs recettes d'étude.

Art. 30. — Il est défendu aux notaires de confier leurs minutes à quelque personne que ce soit.

Défense leur est également faite de consentir au déplacement des minutes, si ce n'est dans les cas ordonnés par la loi, même en faveur des employés de l'administration de l'enregistrement, le receveur seul excepté.

Art. 31. — Il est interdit aux notaires de multiplier les actes, en les divisant sans utilité pour les parties.

Art. 32. — Les notaires doivent expliquer aux parties les conséquences, pour chacune d'elles, des actes qu'elles consentent, afin qu'elles apprécient exactement leurs obligations, et ne puissent jamais penser que leurs conventions ont été infidèlement reproduites par la rédaction.

Art. 33. — Les notaires doivent garder un secret inviolable sur tout ce qui a pu leur être confié volontairement à raison de leurs fonctions.

Art. 34. — Ils doivent refuser leur ministère :

1° Aux personnes qui se trouvent en état d'ivresse ;

2° A celles qui, sans être encore interdites, ne leur paraîtraient pas jouir de toutes leurs facultés intellectuelles, par suite de maladie et de faiblesse, ou d'aliénation d'esprit ;

3° Toutes les fois qu'ils aperçoivent, dans les conventions qu'on leur propose de rédiger, une dissimulation susceptible de préjudicier à des tiers.

Ils doivent se refuser à écrire ou à laisser écrire par leurs clercs toute contre-lettre ayant pour but de paralyser un acte.

Art. 35. — Le notaire qui reçoit un acte portant cession d'une partie de créance doit, autant que possible, se faire représenter la grosse du titre constitutif, et y annoter cette cession partielle.

Dans les cas analogues, il doit faire pareille annotation sur toutes pièces où cette précaution lui paraîtra propre à empêcher la fraude, l'erreur et les doubles emplois.

Art. 36.—La confection des grosses exécutoires sera constatée sur la marge de la première page de la minute par une mention sommaire paraphée par le notaire.

## CHAPITRE II.

### DU DROIT DE CONCOURS. — DE L'ATTRIBUTION DES MINUTES.

### § Ier.

#### Droit de concours.

Art. 37. — Les notaires doivent s'abstenir de demander ou de faire demander, directement ou indirectement, à leurs clients leur concours aux actes et affaires dont leurs collègues sont chargés ; mais ils accueilleront avec empressement l'intervention de leurs collègues dans tous les actes où l'une des parties contractantes manifestera d'elle-même et sans suggestion la volonté de les appeler.

Art. 38. — Les doubles minutes sont interdites.

Art. 39. — Il ne peut y avoir plus de deux notaires coopérant au même acte ; lorsqu'il s'en présente un plus grand nombre, les deux plus anciens en ordre de réception excluent les autres, sauf les exceptions ci-après.

Les notaires appelés par les parties ayant un même intérêt ne peuvent exclure le notaire plus jeune choisi par d'autres parties ayant un intérêt différent. Dans ce cas, l'acte est reçu par les deux plus anciens notaires pris dans les intérêts opposés.

Art. 40. — Les notaires ne pourront prêter leur nom à des collègues plus jeunes qu'eux, à l'effet de favoriser ceux-ci, en cas de concurrence, au préjudice de notaires plus anciens.

Les notaires qui seront prévenus de cette infraction seront mandés à la chambre, ainsi que les notaires qui auront sollicité la signature, et tenus de faire leur affirmation, si elle est requise.

Art. 41. — Lorsqu'il est appelé plusieurs notaires pour procéder à un inventaire ou à un récolement, la préférence appartient dans l'ordre suivant :

1° Au notaire de l'époux survivant commun en biens, ou marié sous le régime dotal avec société d'acquêts ;

2° Au notaire de l'exécuteur testamentaire ayant la saisine ;

3° Au notaire des ayants droit à la succession qui réuniront la plus grande somme de portions viriles ;

4° Au plus ancien des notaires appelés par les héritiers à réserve ;

5° Au plus ancien des notaires des légataires universels ;

6° Au plus ancien des notaires des héritiers non réservataires ;

7° Au plus ancien des notaires des légataires à titre universel ;

8° Au plus ancien des notaires appelés par les enfants naturels légalement reconnus.

Art. 42. — Le droit de concourir aux licitations, liquidations, comptes et partages amiables, et autres actes entre cohéritiers, codonataires ou colégataires, est réglé dans le même ordre que pour les inventaires et récolements.

Si ces opérations sont ordonnées par justice, le renvoi à faire par le tribunal sera demandé en faveur du notaire auquel appartient la préférence d'après les règles ci-dessus.

Art. 43. — Le notaire choisi par l'exécuteur testamentaire, lorsqu'il est admis à concourir, ne peut exercer son droit de concours qu'à l'égard des actes pour la validité desquels la présence de ce dernier est légalement nécessaire.

Art. 44. — Le droit de concours n'existe jamais en faveur du notaire d'un adjudicataire.

Art. 45. — Dans les inventaires et récolements, le droit de préférence, pour le concours comme pour la rétention de la minute, est définitivement fixé lorsque l'intitulé de la première vacation est terminé et signé par les parties.

Si la veuve n'a d'intérêt que comme créancière ou comme légataire, son notaire n'a pas plus de préférence que celui de tous autres créanciers ou légataires.

En aucun cas le droit de concourir à l'inventaire et au récolement ne pourra être exercé par le notaire,

1° Du subrogé tuteur des mineurs;

2° Des héritiers présomptifs non réservataires, qui sont dessaisis par l'effet de donations, testaments authentiques ou testaments olographes ou mystiques, suivis d'envoi en possession;

3° Des créanciers, à moins que l'inventaire ou récolement ne soit fait à leur simple requête;

4° Des donataires et légataires à titre particulier.

Art. 46. — Le droit de concours ne sera pas admis lorsque toutes les parties auront déjà chargé un notaire de la confection d'un acte, sans qu'aucune d'elles ait manifesté l'intention d'y appeler un autre notaire.

Les notaires qui ne seront point admis à concourir à un acte comme notaires pourront néanmoins y assister comme conseils de leurs clients, mais aux frais de ces derniers personnellement.

## § II.

### Attribution des minutes.

Art. 47. — Le droit de retenir la minute appartient au notaire de la partie qui a le plus grand intérêt à la conservation de l'acte.

En cas d'égalité d'intérêt, le droit de conserver la minute appartient au notaire le plus ancien.

Dans les successions, l'intérêt ne s'apprécie pas par la somme des émoluments, mais seulement par l'importance nominale des portions viriles.

Art. 48. — Par application des principes posés en l'article précédent, il est établi en règle générale ce qui suit :

La conservation de la minute des inventaires et leur rédaction demeurent réservées dans l'ordre ci-après :

*Dans les inventaires après décès :*

1° Au notaire de l'époux survivant commun en biens, ou marié sous le régime dotal avec société d'acquêts ;

2° Au notaire du défunt, dans le cas déterminé sous le n° 3 de l'art. 41 ;

5° Au notaire des héritiers réservataires ;

4° Au notaire du légataire universel ;

5° Au notaire des héritiers non réservataires ;

6° Au notaire de l'exécuteur testamentaire ayant ou non la saisine ;

7° Au notaire des légataires à titre universel ;

8° Au notaire de l'enfant naturel reconnu ;

9° Au notaire des légataires à titre particulier ;

10° Au notaire des créanciers.

*Dans les inventaires après absence :*

1° Au notaire du conjoint présent commun en biens, ou marié sous le régime dotal avec société d'acquêts ;

2° Au notaire des envoyés en possession.

*Dans les inventaires, pour raison de l'exercice de la tutelle particulièrement :*

Au notaire du tuteur en exercice ou entrant en fonctions.

*Dans les inventaires par suite de séparation judiciaire :*

Au notaire de la femme.

*Dans les inventaires après la séparation de corps :*

Au notaire de l'époux qui a obtenu la séparation.

*Disposition commune aux deux cas qui précèdent.*

Si chacun des deux époux séparés de biens appelle un notaire pour la confection de l'inventaire d'une succession échue à la femme, la minute appartient au notaire de cette dernière.

Art. 49. — Comme conséquence des dispositions qui précèdent, la garde de la minute des licitations, liquidations, partages et autres opérations de succession, appartient au notaire possesseur de la minute de l'inventaire ou du récolement.

Lorsqu'il n'y a pas eu d'inventaire ni de récolement, le droit de conservation s'exerce dans le même ordre que celui fixé pour ces opérations.

Art. 50. — Lorsqu'un notaire commis en justice décède ou quitte ses fonctions avant l'opération terminée, ou même commencée, le droit d'être commis pour cette opération passe à son successeur.

Art. 51. — S'il arrivait que, par suite de la conversion d'une saisie immobilière en vente volontaire, deux notaires fussent commis par le tribunal pour procéder à cette vente, la minute appartiendrait au notaire du saisi, s'il est un des deux notaires commis, et à défaut au plus ancien de ceux-ci.

Art. 52. — Toujours par application des principes posés en l'art. 47, les minutes des actes ci-après appartiennent, savoir :

| DÉNOMINATION DES ACTES. | INDICATION DES NOTAIRES AUXQUELS LES MINUTES APPARTIENNENT. |
|---|---|
| 1° Abandonnement ou cession volontaire par un débiteur à ses créanciers. . . . . . . . | Au Notaire du cédant. |
| 2° Affectation hypothécaire. . . . | Du créancier. |
| 3° Antichrèse. . . . . . . . | Du créancier. |
| 4° Bail à rente. . . . . . . . | De l'acquéreur. |
| 5° Bail à ferme ou loyer. . . . .<br>6° Bail à vie. . . . . . . . . | Du bailleur. |
| 7° Brevet d'apprentissage. . . . | De l'apprenti. |
| 8° Cautionnement. . . . . . . | Du créancier. |
| 9° Cession de bail, | |
| avec concours du bailleur. . . | Du bailleur. |
| sans concours. . . . . . . | Du cédant. |
| 10° Compte de tutelle et autres. . . | Du rendant compte. |
| 11° Concordat. . . . . . . . | Du failli. |
| 12° Constitution de rente perpétuelle et viagère. . . . . . . . | Du créancier. |
| 13° Contrat de mariage. . . . . | De la future épouse. |
| 14° Délégation et transport. . . . | Du cessionnaire. |
| 15° Devis et marché. . . . . . | De la personne qui fait faire l'entreprise. |
| 16° Echange avec soulte. . . . . | De l'échangiste qui fait soulte (les frais ne sont pas considérés comme soulte). |
| 17° Mainlevée d'inscription sans payement. . . . . | Du créancier. |
| *Id.* après payement. . . | Du débiteur. |
| 18° Nantissement (contrat de). . . | Du créancier. |
| 19° Obligation : | |
| 1° Portant créance en pleine propriété. . . . . . . . | Du créancier. |
| 2° Portant créance en usufruit au profit d'un individu, et en nue propriété au profit d'un autre. . . . . . | Du nu-propriétaire. |
| 20° Ordre amiable et distribution par contribution. . . . . . | Du débiteur. |
| 21° Ouverture de crédit. . . . . | Du créancier. |
| 22° Procès-verbaux de comparution et autres. . . . . . . . | Du requérant. |
| 23° Quittance avec ou sans subrogation. . . . . . . . . | Du débiteur. |
| 24° Quittance par suite d'ordre judiciaire. . . . . . . . . | De l'acquéreur qui se libère. |
| 25° Ratification. . . . . . . . | De la partie dans l'intérêt de laquelle elle est faite. |
| 26° Réméré (exercice du droit de). | De la partie qui l'exerce. |
| 27° Remplacement aux armées. . . | Du remplaçant. |
| 28° Résiliation. . . . . . . . | De la partie à laquelle la chose retourne. |
| 29° Retrait successoral. . . . . | De l'héritier. |
| 30° Titre nouvel. . . . . . . . | Du créancier. |
| 31° Vente : | |
| 1° En toute propriété. . . . | De l'acquéreur. |
| 2° En usufruit au profit de l'un et en nue propriété au profit de l'autre. . . . . . . | Du nu-propriétaire. |

Art. 53. — Par exception au principe admis en l'article 47, la minute de la donation entre-vifs et celle de l'acceptation appartiennent au notaire du donateur.

Par exception au même principe, la minute de tout acte restera au notaire qui, sans qu'une demande expresse lui en soit faite, appellera son collègue à y concourir, pour satisfaire au simple désir de l'une des parties contractantes.

Art. 54. — Le nombre de voix qu'un notaire a pour lui parmi les intéressés ne peut altérer l'application des règles ci-dessus tracées, et de celles qui le seront ultérieurement au § 4 du présent chapitre.

Art. 55. — En cas de difficultés sur le lieu des réunions, lorsque deux notaires opéreront ensemble, elles devront avoir lieu dans l'étude du notaire qui conservera la minute.

Art. 56. — Le droit de concours dans les cas ci-dessus spécifiés n'est obligatoire qu'entre notaires du même canton.

## § III.

### Rang d'ancienneté.

Art. 57. — Le rang d'ancienneté entre les notaires est fixé :

1° Par l'antériorité de prestation de serment ;

2° Par l'antériorité de l'investiture royale en cas de prestation de serment le même jour.

S'il arrivait qu'il y eût parité de dates dans l'accomplissement des deux circonstances ci-dessus, le rang d'ancienneté serait dévolu au plus âgé.

Art. 58. — Si un notaire démissionnaire vient à exercer ensuite dans un autre ressort, son rang d'ancienneté ne date que du jour de sa nouvelle prestation de serment.

Art. 59. — Il sera dressé chaque année un tableau des notaires de l'arrondissement par rang d'ancienneté. Il contiendra leurs noms, prénoms et résidences, et les noms de leurs prédécesseurs immédiats. A la fin seront indiqués les notaires honoraires, les officiers et les membres de la chambre. Un exemplaire de ce tableau sera affiché dans la salle des séances de la chambre, et sera envoyé à chaque notaire par les soins du secrétaire.

Il sera également adressé :

A M. le Président du tribunal civil ;

A M. le Procureur du Roi,

Et à M. le Président de la chambre des avoués ;

Le tout aux frais de la compagnie.

## § IV.

### Partage des honoraires.

Art. 60. — Les honoraires des actes auxquels deux notaires auront concouru seront partagés également entre eux, sauf dans les inventaires et procès-verbaux, qui se payent par vacation. Dans ces derniers cas, les vacations seront perçues par chaque notaire selon ses droits.

Art. 61.—Néanmoins les dispositions ci-dessus seront sujettes aux exceptions suivantes :

1° Le notaire commis pour représenter les absents ne pourra réclamer que des vacations ;

2° Les honoraires des quittances de prix d'immeubles distribués par voie d'ordre amiable entre les divers créanciers du vendeur appartiendront au notaire de l'acquéreur et à celui du vendeur, ou à celui des deux qui serait appelé seul, à l'exclusion de tous autres, sans que les notaires des créanciers puissent être admis au partage, alors même que l'acquéreur ou le vendeur s'abstiendrait d'appeler son notaire ;

3° Les honoraires d'une distribution par contribution seront dévolus exclusivement au notaire du débiteur ;

4° Les honoraires d'une quittance par suite d'ordre judiciaire appartiendront au notaire de l'acquéreur.

Art. 62. — Les droits de grosses, expéditions ou extraits des actes de toute nature, appartiendront au notaire détenteur de la minute.

## § V.

### Droit d'annexe et de délivrance des expéditions.

Art. 63. — Pour l'exécution de l'art. 13 de la loi du 16 mars 1803 (25 ventôse an XI), les notaires seront tenus de conserver, par voie d'annexe ou de dépôt, les brevets, extraits ou expéditions des procurations, substitutions de pouvoirs ou consentements en vertu desquels ils instrumentent, encore bien que les actes qui viennent d'être énumérés aient été passés devant d'autres notaires du même arrondissement.

Mais les notaires ne pourront délivrer ni expéditions ni extraits isolés des pièces ainsi annexées, lorsqu'il en existera minute dans l'étude d'un notaire du même canton. Ils pourront seulement délivrer extrait ou expédition des annexes à la suite des expéditions ou grosses de l'acte qui aura été passé en conséquence.

Art. 64. — Les notaires du même arrondissement pourront annexer aux partages et autres actes les grosses ou expéditions des actes constitutifs de rentes ou créances, et les titres de propriété d'immeubles auxquels plusieurs parties se trouveront avoir droit par suite du partage ou autrement ; mais ils ne pourront délivrer qu'ampliation des grosses.

Art. 65. — Les notaires ne devant délivrer de certificats de propriété de rentes sur l'Etat que lorsqu'ils sont possesseurs des actes de mutation et autres qui donnent lieu à certificat, ou qui servent à justifier les qualités des nouveaux propriétaires, ce droit, respectivement aux notaires du même arrondissement, est réservé au notaire possesseur de la minute de l'acte sur lequel les droits du nouveau propriétaire sont principalement fondés.

Art. 66. — Le notaire auquel appartiendra, d'après l'article précédent, le droit de délivrer des certificats de propriété, pourra mettre au rang de ses minutes, pour garantie de sa responsabilité, les grosses, expéditions ou brevets originaux des actes passés devant d'autres notaires, quelle que soit leur résidence, ainsi que les jugements et autres pièces se rattachant à la mutation.

Art. 67. — Hors le cas prévu par le présent règlement, aucun notaire même ayant instrumenté en second ne pourra recevoir en dépôt ou par voie d'annexe, ni expédier aucuns extraits, grosses, expéditions ou copies collationnées d'actes passés devant un notaire du même arrondissement, cette faculté demeurant exclusivement réservée au notaire signataire en premier ou à ses successeurs.

# CHAPITRE III.

## DES ASSEMBLÉES GÉNÉRALES ET DES RÉUNIONS DE LA CHAMBRE.

### § Ier.

**Dispositions générales sur la tenue des séances des assemblées générales et de la chambre.**

Art. 68. — La police des assemblées appartient au président, qui accorde la parole et maintient l'ordre dans les discussions.

Art. 69. — A l'ouverture de chaque séance, il est donné lecture du procès-verbal de la séance précédente.

S'il s'élève des réclamations sur la rédaction, l'assemblée statue, et il est fait mention de la résolution au procès-verbal du jour.

Il est ensuite passé aux travaux qui ont motivé la convocation.

Art. 70. — Pendant les séances, les notaires ne peuvent parler qu'après avoir obtenu la parole du président.

Ils ne peuvent réclamer une seconde fois la parole sur le même sujet, qu'autant que ceux qui n'auront pas parlé sur la question ne la demanderont pas.

Art. 71. — Sauf le cas d'urgence, aucune proposition ne peut être faite, discutée ni adoptée, si elle n'a été communiquée quinze jours à l'avance à chacun des membres.

Les demandes, propositions, amendements et sous-amendements, doivent être déposés par écrit sur le bureau, et ne peuvent être mis en délibération que lorsqu'ils sont appuyés par deux membres.

Art. 72. — Lorsqu'une discussion paraît se prolonger au delà du temps nécessaire, la clôture peut être demandée; si la demande n'est pas appuyée par deux membres au moins, la discussion continue : dans le cas contraire, le président consulte l'assemblée, qui décide si la discussion doit être continuée ou fermée. Toutefois il est permis, avant que l'assemblée se prononce, de demander la parole contre la clôture, mais sans pouvoir rentrer dans la discussion.

Art. 73. — Le membre qui, dans le cours d'une discussion,

s'écarte de la question ou de l'ordre, y est rappelé par le président. Si, après y avoir été une seconde fois rappelé, il s'en écarte encore, l'assemblée décide si la parole doit lui être interdite pendant la séance, ou seulement jusqu'à la fin de la discussion, et s'il doit être fait mention au procès-verbal des causes qui ont donné lieu à cette mesure.

Art. 74. — Toute personnalité offensante est formellement interdite. Si, dans la chaleur de la discussion, un membre s'écartait de cette règle, il y serait ramené par le président. En cas de récidive, la parole lui serait retirée, et mention en serait faite au procès-verbal.

Art. 75. — La majorité des votes des membres prenant part à la délibération forme la décision; s'il y a égalité de voix, celle du président est prépondérante.

Art. 76. — Lorsqu'on procède en assemblée générale à la nomination des membres de la chambre, et dans les réunions de la chambre à l'élection des officiers, si le dépouillement du premier scrutin ne donne pas de résultat, il est procédé à un second scrutin, et lorsque la majorité absolue n'est point encore obtenue, il est passé à un ballottage entre les deux membres qui ont obtenu le plus grand nombre de voix; à égalité de suffrages, le plus ancien d'âge a la préférence.

Art. 77. — Avant que la séance soit levée, le secrétaire donne lecture des notes par lui tenues pour la rédaction du procès-verbal: il est fait sur ces notes les observations jugées nécessaires; elles sont ensuite signées, dans les assemblées générales, par les membres du bureau, et dans les réunions de la chambre, par le président. Ces notes restent jointes au procès-verbal jusqu'à son adoption en la plus prochaine séance.

Art. 78. — Le procès-verbal contient l'analyse exacte des discussions et opérations. Il n'indique les noms des auteurs des propositions ou observations qu'à leur demande ou de leur consentement.

Art. 79. — Une liste de présence est dressée par le secrétaire et paraphée par le président immédiatement après l'appel, qui commence quinze minutes après l'heure indiquée pour l'ouverture de la séance.

Avant la levée de la séance, le secrétaire fait le réappel, raye de la liste le nom des membres qui se sont retirés, et l'arrête définitivement.

Art. 80. — Les notaires ne pourront se dispenser de se rendre aux assemblées générales et de chambre que pour motifs graves, dont ils donneront connaissance au président avant les réunions.

Les notaires qui ne se rendront pas aux séances et dont les motifs d'absence ne seront pas admis, ceux qui arriveront tardivement, et ceux qui quitteront les réunions avant la clôture des séances sans l'autorisation du président, verseront à la bourse commune la somme de 10 fr. pour absence totale à la séance, et de 5 fr. pour absence partielle. Ces versements seront élevés au double dans le cas où le même membre commettrait pareille infraction à la réunion suivante; le tout sans préjudice des autres peines disciplinaires.

Dans les cas prévus par cet article, les excuses seront jugées et les versements ordonnés par l'assemblée générale ou la chambre, selon qu'il s'agira de la réunion de l'une ou de l'autre.

## § II.

### Assemblées générales.

Art. 81. — Il y a chaque année au moins deux assemblées générales des notaires de l'arrondissement, conformément à l'article 22 de l'ordonnance royale du 4 janvier 1843. La première est fixée dans la première quinzaine du mois de mai, et la seconde a lieu dans la dernière quinzaine du mois de novembre.

Art. 82. — Les assemblées générales ordinaires et extraordinaires sont convoquées par le président de la chambre, ou, en cas d'absence, par le syndic, quinze jours avant l'époque de la réunion, à moins que les circonstances n'exigent plus de célérité. La lettre de convocation indiquera, autant que possible, les matières à l'ordre du jour.

Art.. 83 — Les séances des assemblées générales seront ouvertes et présidées par le président de la chambre; en cas d'empêchement ou d'absence, par le syndic, et à défaut de ce dernier, par le rapporteur.

Il y a deux scrutateurs, qui sont le plus ancien et le plus jeune des notaires membres de la chambre.

Le secrétaire de la chambre remplit cette fonction auprès des assemblées générales; à défaut du secrétaire en titre, le plus jeune des membres de la chambre tient la plume, et il est remplacé comme scrutateur par le membre de la chambre qui le précède immédiatement.

Art. 84. — Sont décidées par le bureau ainsi composé toutes difficultés qui peuvent s'élever sur le dépouillement et le résultat du scrutin, ainsi que sur les votes par assis et levé; aucune réclamation ne peut être faite contre ses décisions. Le président, en cas de partage d'opinion, a voix prépondérante.

Art. 85. — Lorsque le procès-verbal de la précédente réunion est lu et adopté, le président communique à l'assemblée la correspondance et les autres documents relatifs à la réunion; ensuite il présente un rapport dans lequel il fait connaître :

1° Si les délibérations précédentes ont été exécutées, ou quelles sont les causes qui en ont retardé ou empêché l'exécution;

2° Les mutations d'études opérées par suite de décès ou de démissions;

3° L'état de la bourse commune;

4° Enfin toutes les délibérations de la chambre qui peuvent intéresser la compagnie.

Ce rapport entendu, le syndic signale les abus qui sont parvenus à sa connaissance, et la discussion s'ouvre sur toutes les propositions et matières mises en délibération.

Art. 86. — La nomination des membres de la chambre est faite dans l'assemblée générale du mois de mai, conformément aux articles 25 et suivants de l'ordonnance royale du 4 janvier 1843.

Art. 87. — Les nominations ont lieu par bulletin de liste et par deux scrutins: le premier scrutin pour les membres à prendre dans les deux premiers tiers du tableau; et le deuxième pour ceux à prendre dans l'ensemble de ce même tableau.

Le président reçoit les bulletins, les dépose dans l'urne, clôt le scrutin, vérifie si le nombre des bulletins est égal à celui des votants, et, en cas d'affirmative, procède à leur dépouillement avec l'assistance des scrutateurs. Le nombre des votes est constaté par l'un des scrutateurs et par le secrétaire.

Le bureau ordonne la radiation des derniers noms qui sont portés sur les bulletins, outre le nombre des membres à élire.

Le résultat du scrutin est proclamé par le président.

Art. 88. — Il sera procédé par scrutin particulier à l'élection de chacun des membres à nommer en remplacement de ceux qui se retirent avant l'expiration de la période pour laquelle ils avaient été nommés.

Art. 89. — Le notaire nommé en l'assemblée générale en remplacement d'un membre qui avait cessé de faire partie de la chambre avant l'expiration de la période pour laquelle il avait été nommé, ne restera en fonctions que jusqu'à l'expiration de cette période.

## § III.

### Constitution et réunions de la chambre de discipline.

Art. 90. — Immédiatement après la séance de l'assemblée générale du mois de mai, les membres composant la nouvelle chambre se réunissent pour la constituer.

Le plus ancien dans l'ordre du tableau occupe le fauteuil. Le plus jeune remplit les fonctions de secrétaire. Les officiers de la chambre sont ensuite nommés conformément aux dispositions de l'ordonnance du 4 janvier 1843. Le président proclame le résultat du scrutin, et immédiatement après les officiers entrent en fonctions.

La chambre ainsi constituée entend le compte de gestion du trésorier sortant, l'arrête s'il y a lieu, et reçoit de ses mains le reliquat et les pièces justificatives de ce compte; elle reçoit aussi des mains de l'ancien secrétaire, les titres, pièces, archives et sceaux de la chambre. Elle en saisit immédiatement, chacun en ce qui le concerne, le nouveau trésorier et le nouveau secrétaire.

Elle se livre ensuite, s'il y a lieu, aux travaux à l'ordre du jour.

Art. 91. — La chambre est convoquée par le président ou le syndic, lorsqu'ils le jugent utile; sauf le cas d'urgence, il sera observé un intervalle de dix jours au moins entre celui de la convocation et l'époque de la réunion.

Art. 92. — En cas d'absence d'un ou de plusieurs officiers de la chambre, ils seront suppléés conformément à l'article 11 de l'ordonnance du 4 janvier 1843.

Art. 93. — Lorsque, par suite de vacance, il y a lieu à nommer un officier de la chambre, il est procédé à cette nomination dans la plus prochaine réunion.

Art. 94. — La chambre est chargée de représenter tous les notaires du ressort, conformément à l'art. 2, n° 9, de l'ordonnance précitée; en conséquence elle intervient, en leur nom collectif, dans toutes les affaires judiciaires ou autres dans lesquelles elle croit devoir soutenir les droits et intérêts soit de la compagnie entière, soit d'un ou plusieurs notaires; mais elle ne peut se pourvoir en appel ni en cassation, sans avoir obtenu l'autorisation spéciale de la compagnie réunie en assemblée générale. Les frais qu'occasionne l'intervention sont payés par la bourse commune et alloués dans les comptes du trésorier.

## § IV.

### Obligations particulières du Secrétaire et du Trésorier.

Art. 95. — Le secrétaire est chargé de la conservation des archives, de la bibliothèque, et du matériel appartenant à la compagnie.

Il fait parvenir sans retard à tous les notaires du ressort :

1° Le tableau imprimé des notaires de l'arrondissement par ordre de réception, avec indication de la composition de la chambre et des notaires honoraires ;

2° Les additions à faire au tableau des interdits et des personnes assistées d'un conseil judiciaire.

Art. 96. — Le trésorier est chargé de faire le recouvrement :

1° De la contribution de chaque notaire du ressort à la bourse commune ;

2° Des sommes à verser par les notaires dans tous les cas prévus par le présent règlement ;

3° Et de toutes autres sommes qui seraient votées par l'assemblée générale.

Il acquitte les dépenses arrêtées par la chambre ou par l'assemblée générale, et ordonnancées par le président.

Il inscrit en détail toutes les recettes et dépenses sur un registre particulier coté et paraphé par le président de la chambre.

Il est chargé de faire entretenir, et, au besoin, de compléter l'ameublement du local appartenant à la compagnie ; de faire frapper et distribuer les jetons d'admission.

## § V.

### Du mode de procéder sur les points de discipline.

Art. 97. — En cas de plainte contre un notaire, elle sera d'abord remise au président, qui emploiera, s'il le juge convenable, toutes les voies de conciliation que la prudence pourra lui suggérer.

Alors même que le président a cru devoir tenter la conciliation, et qu'il l'a obtenue, il est de son devoir de tenir note exacte des faits, et d'en faire un rapport à la chambre dans sa plus prochaine séance ; et si le cas lui paraît grave, de faire une convocation spéciale et immédiate. La chambre, après avoir entendu le rapport, statue sur les suites qui peuvent lui être données.

A défaut de conciliation, la plainte, dans la quinzaine de la remise qui en aura été faite au président, sera par lui transmise au syndic, qui en adressera copie certifiée au notaire inculpé, avec invitation d'y répondre dans un délai fixé.

Art. 98. — La plainte ainsi que la réponse sont communiquées dans la huitaine par le syndic au rapporteur, qui prend toutes les informations nécessaires.

Art. 99. — Lorsque l'affaire est en état, le syndic, après s'être concerté avec le président et le rapporteur, convoque la chambre pour faire statuer sur la plainte. Il appelle les parties, et les témoins, s'il en est produit.

Art. 100. — En cas de poursuites dirigées d'office par le syndic, celui-ci dresse un acte des faits qui ont motivé la poursuite, et le dépose au secrétariat.

Une copie en est par lui adressée au notaire inculpé, avec invitation à ce dernier de fournir ses moyens de défense, dans un délai qu'il déterminera, et qui, dans tous les cas, ne pourra être moindre de quinze jours.

A l'expiration du délai fixé par le syndic, une autre copie de l'acte contenant l'objet de la poursuite sera adressée par lui, avec la réponse du notaire inculpé, s'il en a fait une, et toutes les pièces relatives à l'affaire, au rapporteur, qui procédera de suite à une enquête sur les faits reprochés.

L'enquête terminée, le syndic convoque la chambre, et y appelle le notaire inculpé, et les témoins, s'il veut en produire.

Art. 101. — A l'ouverture de la séance, le syndic expose d'abord l'affaire, et donne lecture des pièces.

La chambre entend ensuite successivement :

Le rapporteur,

La partie plaignante,

Les témoins,

Le notaire inculpé,

Et les conclusions du syndic.

Le notaire inculpé est alors admis à compléter sa défense, s'il en manifeste la volonté.

Art. 102. — Après que le syndic a pris ses conclusions, et que le notaire inculpé a produit ses dernières observations, le président prononce la clôture des débats, et le notaire inculpé, la partie plaignante et les témoins se retirent.

Art. 103. — La délibération est prise à la majorité des voix. En cas de partage, la voix du président est prépondérante. Le syndic, s'il est partie poursuivante, s'abstient de voter.

Art. 104. — Si la culpabilité est reconnue, la chambre, sur la réquisition du syndic, applique, suivant la gravité du cas, les peines disciplinaires de sa compétence.

Art. 105. — Les délibérations de la chambre, en matière disciplinaire, sont notifiées, s'il y a lieu, et exécutées à la diligence du syndic.

Art. 106.—Le notaire cité devant la chambre, qui sans motifs légitimes ne comparaîtra pas, ou qui refusera de se soumettre à ses décisions, pourra être privé de voix délibérative dans l'assemblée générale, et de faire partie de la chambre pendant trois ans, sans préjudice des autres peines qui pourront être prononcées sur plaintes et réclamations.

## § VI.

### Bourse commune.

Art. 107.—Les dépenses ordinaires de la compagnie consistent :

1° Dans le loyer du local servant à la tenue des séances et à la conservation des archives et de la bibliothèque ;

2° Dans l'achat et l'entretien du mobilier garnissant ce local ;

3° Dans les frais de bureau, d'impression de tableaux, lettres, règlements et autres documents ;

4° Dans la création et l'augmentation de la bibliothèque de la compagnie.

Les dépenses xtraordinaires consistent :

1 ° Dans les frais et faux frais de justice, de conseils et autres, à faire dans tous les cas où la chambre aurait à faire valoir et à défendre les intérêts communs de la compagnie ;

2° Dans les secours à accorder aux anciens notaires, à leurs veuves et enfants qui pourraient se trouver dans le besoin ;

3° Et dans tous les besoins imprévus.

Art. 108. — La bourse commune, destinée à subvenir aux dépenses de la compagnie, est formée et alimentée :

1° Par une cotisation annuelle de 30 francs, versée par chaque notaire de l'arrondissement à l'époque de l'assemblée générale du mois de mai ;

2° Par le versement que chaque notaire nouvellement nommé

sera tenu de faire, avant sa prestation de serment, entre les mains du trésorier, dont le montant est fixé pour les notaires de Poitiers à 100 francs, et pour les notaires des autres résidences à 50 francs ;

3° Par les autres sommes dont le versement aura été ordonné en exécution du présent règlement ;

4° Par des appels de fonds qui seront faits extraordinairement, lorsque les circonstances l'exigeront, en vertu d'une délibération spéciale de l'assemblée générale, conformément à l'art. 39 de l'ordonnance du 4 janvier 1843.

Un rôle dressé par le secrétaire de la chambre, conformément aux bases ci-dessus fixées, et visé par le président, sera, aussitôt après que M. le Garde des sceaux aura donné son approbation au présent règlement, soumis à M. le premier Président de la cour royale pour être rendu exécutoire.

Art. 109. — Le trésorier, en rendant son compte, signalera les notaires en retard de se libérer, et indiquera les sommes dues par chacun d'eux.

## CHAPITRE IV.

### DES ASPIRANTS AU NOTARIAT.

### § Ier.

### Stage.

Art. 110. — Le stage des aspirants au notariat est constaté de la manière prescrite par les art. 31 à 38 de l'ordonnance royale du 4 janvier 1843.

Art. 111. — Avant d'être inscrit au grade de premier clerc, tout aspirant à ce grade devra subir un examen devant la chambre, qui seule sera compétente pour autoriser l'inscription.

Art. 112. — Les notaires ne pourront donner de certificats de stage à leurs clercs ; ces certificats seront délivrés par le secrétaire de la chambre, chargé de la tenue du registre de stage, d'après les inscriptions et les attestations portées à ce registre, sur la représentation du consentement du notaire chez lequel la dernière partie du stage aura été faite : en cas de décès du notaire, ce consentement sera donné par le successeur, et à son défaut par le président de la chambre, après vérification.

Les notaires pourront cependant ajouter au certificat du secrétaire une attestation sur la manière dont le stage a été fait, et sur la moralité et la capacité de leurs clercs.

Art. 113. — Nul clerc ne sera admis à l'inscription sur le registre de stage que sur la production d'un certificat du notaire chez lequel il travaille.

Le certificat d'admission à l'inscription et le certificat constatant le stage du fils du secrétaire seront revêtus du visa du président ou du syndic.

Art. 114. — Il est défendu aux notaires de délivrer des certificats dans le but de faciliter l'inscription au registre de stage des jeunes gens qui ne travailleraient pas continuellement dans leurs études.

Art. 115. — Tout certificat portera l'empreinte du cachet du notaire qui l'aura délivré.

Art. 116. — Quand un clerc inscrit quitte une étude, le notaire doit en prévenir le secrétaire de la chambre, qui en fait mention sur le registre d'inscription.

Il sera fait pour chacun des clercs inscrits une liasse numérotée des certificats et des autres documents le concernant, laquelle restera déposée aux archives.

Art. 117. — Aucun clerc ne pourra être admis dans une étude sans le consentement du notaire chez lequel il aura travaillé en dernier lieu, ou, en cas de refus, sans l'autorisation qui pourrait être donnée par la chambre, s'il y avait lieu.

Les notaires ne pourront admettre dans leurs études le principal clerc d'un notaire démissionnaire ou décédé, sans le consentement du successeur, de la veuve, des héritiers ou de la chambre, que trois mois après la prestation de serment du successeur.

## § II.

### Discipline des clercs.

Art. 118. — Le clerc renvoyé d'une étude ne peut entrer dans une autre, à moins d'une autorisation de la chambre.

Art. 119. — Le notaire qui n'a pas fait prononcer la chambre sur les plaintes qu'il pourrait élever contre son clerc, ne peut lui refuser son consentement à la délivrance du certificat de stage.

Art. 120. — En cas de refus par un notaire de donner à un clerc son consentement à la délivrance d'un certificat de stage, la chambre le donne, s'il y a lieu, après avoir entendu le notaire et le clerc.

Art. 121. — Les notaires sont tenus de remettre au secrétaire de la chambre, lors de l'assemblée générale du mois de mai, un état annuel des clercs continuant de travailler dans leurs études, et la date de la cessation du travail des autres.

Il en sera fait mention en marge de chaque inscription, et ces mentions seront visées par le président dans la quinzaine qui suivra.

Art. 122. — Les notaires ne peuvent sans le consentement du successeur admettre comme clerc un ancien notaire ayant exercé dans un rayon de deux myriamètres.

Art. 123. — Dans le cas où il y aura lieu à l'application des peines disciplinaires contre les clercs, les décisions qui les prononceront seront notifiées par le syndic aux notaires des clercs qu'elles concerneront.

Ces notaires rendront compte à la chambre des mesures qu'ils auront dû prendre par suite de cette notification.

## § III.

### Examen des aspirants.

Art. 124. — L'aspirant qui se présente pour succéder à un notaire adresse au président de la chambre une demande énonçant ses nom, prénoms, âge et domicile, le lieu où il se propose d'exercer les fonctions de notaire, et le nom du notaire auquel il doit succéder.

Il joint à sa demande : 1° la démission du notaire titulaire ou son acte de décès, avec une pièce constatant l'agrément des héritiers ou ayants droit ; 2° le traité de l'étude ; 3° les certificats établissant le stage, délivrés dans la forme prescrite par l'art. 112 ; 4° et les autres pièces constatant les conditions énumérées par l'art. 35 de la loi du 25 ventôse an XI.

Art. 125. — Aussitôt la remise de la demande, le président l'adresse au syndic, qui doit immédiatement en donner avis aux membres de la chambre, et en outre aux notaires chez lesquels l'aspirant a travaillé, avec invitation de lui transmettre les renseignements à leur connaissance sur la moralité de l'aspirant.

Le syndic doit, en outre, prendre les mêmes renseignements près des autorités dans les divers lieux habités par l'aspirant depuis le commencement de son stage, et transmettre le tout au rapporteur.

Art. 126. — Dans la quinzaine de la réception de la demande, le président réunit la chambre. Dans cette première séance, à laquelle l'aspirant devra être présenté par son cédant, ou tout autre notaire à son choix, la chambre délibère sur la demande ; elle entend le rapporteur et le syndic, et décide s'il y a lieu ou non d'admettre le candidat à l'examen.

Art. 127. — La chambre apprécie les conditions de la transmission et les diverses garanties qu'offre l'aspirant pour faire honneur à ses engagements et exercer dignement ses fonctions ;

Elle se livre à toutes les investigations propres à former sa conviction sur la valeur de l'étude ;

Elle donne sur le tout son avis motivé, qui est inscrit sur les registres de la chambre.

Art. 128. — La chambre déclare qu'il n'y a pas lieu d'examiner, lorsque les conditions du traité ne lui paraissent pas admissibles, ou que le successeur proposé ne présente pas les garanties morales et pécuniaires convenables. Dans ce cas, elle motive sa délibération, et en donne connaissance au candidat qui peut en demander l'expédition et retirer ses pièces.

Art. 129. — Lorsque la chambre arrête qu'il y a lieu d'admettre l'aspirant à l'examen, elle le fait avertir, et y procède, ainsi qu'aux autres opérations voulues par la loi.

Art. 130. — L'examen consiste dans des preuves écrites, théoriques et pratiques, dont le programme est arrêté hors la présence de l'aspirant. La chambre fixe le délai qui lui est accordé pour l'épuisement de son programme, délègue un ou plusieurs de ses membres sous la surveillance desquels le travail sera fait, et fixe le jour de la réunion pour procéder à l'appréciation de ce travail. A cette réunion, chacun des membres de la chambre pourra en outre, après épuisement du programme, et avec l'assentiment de la chambre, proposer les questions qui lui paraîtront devoir être résolues pour former entièrement sa conviction sur la capacité de l'aspirant.

Les questions sont présentées par le président.

L'aspirant y répond de vive voix.

Art. 131. — Le président propose la clôture, et la prononce s'il n'y a pas d'opposition. En cas de réclamation, la chambre décide.

Immédiatement après la clôture de l'examen, l'aspirant se retire, et la chambre délibère sur le résultat de l'examen.

Art. 132. — Si l'examen a démontré la capacité de l'aspirant, la délibération est immédiatement communiquée à M. le procureur du roi, et après la réponse de ce magistrat le secrétaire en délivre, s'il y a lieu, expédition pour valoir certificat de capacité et de moralité.

Art. 133. — Le notaire démissionnaire ne peut assister à l'examen de son successeur, ni aux délibérations de la chambre sur sa capacité, sa moralité et l'appréciation de son traité.

Art. 134. — L'aspirant qui, après avoir obtenu le certificat de la chambre, résiliera son traité ou le cédera, ne sera plus admis à traiter de nouveau, soit de la même étude, soit de toute autre du ressort, sans l'avis de la chambre.

## § IV.

### Devoirs des Notaires nouvellement nommés.

Art. 135. — Aussitôt que l'aspirant a obtenu sa nomination aux fonctions de notaire, il en donne communication au président de la chambre, et il verse entre les mains du trésorier :

1° Le droit de réception déterminé par l'article 108-2° ;

2° Et une somme de vingt-quatre francs, destinée à la fabrication de huit jetons, dont deux sont remis au président de la chambre, et un à chacun des membres qui ont assisté à la réception.

Au jour fixé par le procureur du roi pour la prestation du serment, il se présente en costume à l'audience, accompagné d'un membre de la chambre ou d'un autre notaire de l'arrondissement, de son choix.

Art. 136. — Chaque notaire nouvellement reçu dépose, dans le mois de sa prestation de serment, au secrétaire de la chambre :

1° Une expédition de sa prestation de serment ;

2° Et la liste des notaires ses prédécesseurs dont il possède les minutes.

Il fait inscrire et signe dans le même délai, sur le registre ouvert à cet effet, son immatricule contenant ses nom, prénoms et résidence, les dates de sa nomination et prestation de serment, les nom, prénoms et résidence de son prédécesseur immédiat, et la date de la cessation de ses fonctions et de sa dernière minute.

Copie de cette immatricule, revêtue de sa signature notariale, est adressée immédiatement par lui à chaque notaire de l'arrondissement.

Art. 137. — Chaque nouveau titulaire est tenu, dans les six mois de sa prestation de serment, de déposer au secrétariat de la chambre un double de l'inventaire, qui doit être dressé entre lui et son prédécesseur, des minutes, actes et répertoires dépendant de l'étude.

Art. 138. — Lorsque la remise des minutes et répertoires n'a pas été constatée de la manière et dans les délais ci-dessus fixés, il est pris par la chambre, à la diligence du syndic, toutes les informations nécessaires, tant sur les motifs du retard et les empêchements qui pourraient exister, que sur les moyens de les faire cesser, pour ensuite en être référé, s'il y a lieu, à M. le Procureur du roi.

Art. 139. — Chaque notaire démissionnaire est tenu de remettre à la chambre le cachet qu'il a employé pendant son exercice : cette remise doit être faite immédiatement entre les mains et sur le récépissé du secrétaire.

## CHAPITRE V.

### DE LA TAXE DES FRAIS D'ACTES.

Art. 140. — Le notaire qui reçoit au delà de ce qui lui est dû nuit à ses clients ; celui qui accepte moins qu'il ne lui appartient légitimement nuit à sa profession et à ses collègues. Dans l'un et l'autre cas, il manque également à la probité et à la délicatesse. Par respect pour leur considération, les notaires doivent se conformer aux bases et aux principes établis par la chambre, et s'abstenir de toute transaction en cette matière ; mais ils peuvent faire remise de la totalité de leurs vacations et honoraires.

Art. 141. — En cas de difficultés sur le règlement de leurs honoraires, les notaires prendront l'avis de la chambre, conformément au § 4 de l'article 2 de l'ordonnance du 4 janvier 1843.

## CHAPITRE VI.

### DES NOTAIRES HONORAIRES.

Art. 142. — La présentation à l'honorariat sera faite d'office par la chambre, qui prendra préalablement l'avis de l'assemblée générale ; elle ne pourra être effectuée qu'un an après la cessation des fonctions de notaire.

Art. 143. — S'il arrivait qu'un notaire honoraire déméritât, le retrait de son titre serait demandé à l'autorité compétente, en vertu d'une délibération prise dans la même forme que pour sa présentation.

Le délai d'un an, prescrit en ce qui concerne la présentation, n'est pas applicable aux demandes de retrait.

## CHAPITRE VII.

### DES DEVOIRS FUNÉRAIRES ET MESURES A PRENDRE APRÈS LE DÉCÈS D'UN TITULAIRE OU D'UN NOTAIRE HONORAIRE.

Art. 144. — Les notaires assistent en costume à la pompe funèbre de leurs collègues morts en exercice, ou des notaires honoraires appartenant à la compagnie.

Art. 145. — Sur l'invitation du président ou du syndic, s'ils résident dans la commune du notaire décédé, et, à défaut, sur l'invitation du notaire le plus voisin, les notaires se rendent au domicile mortuaire.

La présence à la cérémonie funèbre est absolument obligatoire pour les notaires de la résidence du notaire décédé.

Art. 146. — Aussitôt qu'ils sont instruits du décès d'un notaire en exercice, le président et le syndic de la chambre, ou l'un d'eux, font apposer les scellés sur les minutes et répertoires.

Art. 147. — Le cachet notarial d'un notaire mort en exercice est retiré, au moment de l'apposition ou de la levée des scellés sur les minutes, soit par le syndic, soit par un notaire du ressort que le syndic en aura chargé.

Art. 148. — Les cachets remis ou retirés en exécution de l'article précédent et de l'article 139 ci-dessus seront détruits, et il en sera tenu état par le secrétaire sur un registre qui restera déposé aux archives.

## CHAPITRE VIII.

### DU COSTUME.

Art. 149. — Lorsque les notaires paraissent aux assemblées générales ou aux séances de la chambre, ou lorsqu'ils assistent comme notaires aux audiences des cours et tribunaux et aux cérémonies publiques, ils ne peuvent se présenter qu'en costume, composé d'habit et vêtements noirs avec cravate blanche. Les contrevenants verseront à la bourse commune une somme de cinq francs, qui sera doublée en cas de récidive dans l'année. Ces versements seront ordonnés par la chambre.

## CHAPITRE IX ET DERNIER.

### DISPOSITIONS GÉNÉRALES.

Art. 150. — Le présent règlement sera exécutoire pour tous les notaires de l'arrondissement, à l'expiration des quarante-huit heures qui suivront la notification de l'approbation de M. le Garde des sceaux.

Cette notification sera faite par le syndic, au moyen de lettres d'avis transmises par le secrétaire, qui en tiendra note.

Elle aura lieu au plus tard dans la quinzaine du jour où M. le Procureur du roi aura fait connaître cette approbation.

Ce règlement sera transcrit en entier sur le registre des délibérations des assemblées générales, et sera ensuite imprimé et distribué à tous les notaires en exercice et aux notaires honoraires.

Art. 151. — Les notaires ne pourront se prévaloir de la volonté contraire de leurs clients pour se refuser à l'exécution du présent règlement.

Cette exécution est confiée à la chambre, et tous pouvoirs et autorisations sont donnés à chacun de ses membres, et spécialement au syndic, pour rechercher et poursuivre toute contravention qui pourrait y être commise.

Art. 152. — Les notaires qui auront connaissance des contraventions et infractions aux lois sur le notariat et au présent règlement, sont invités, et au besoin requis, d'en avertir le syndic de la chambre, soit verbalement, soit de toute autre manière. Le syndic devra alors prendre les renseignements qu'il jugera nécessaires, et, s'il y a lieu, saisir la chambre soit immédiatement, soit lors de sa plus prochaine réunion.

Art. 153. — Toute omission, toute violation directe ou indirecte des règles et principes adoptés par le présent règlement, pourront, suivant la gravité des cas, donner lieu à l'application, par la chambre, des peines disciplinaires déterminées tant par la législation existante que par les dispositions de ce même règlement, sans préjudice des versements qui pourront être ordonnés par la chambre ou l'assemblée générale dans les divers cas ci-dessus prévus.

Et en outre, la chambre, après en avoir délibéré dans les formes précédemment arrêtées, pourra, en cas de contravention aux règles sur le concours, sur la conservation des minutes et sur la résidence, ordonner la restitution et le payement, envers les notaires lésés, de tout ou partie des honoraires perçus ou retenus, et la lecture de la délibération en assemblée générale.

Art. 154. — Les statuts et règlements qui ont été ou pu être arrêtés par la chambre ou la compagnie, antérieurement à ce jour, sont et demeurent abrogés.

Art. 155. — Le présent règlement sera transmis à M. le Procureur du roi, pour être soumis à l'examen et à l'approbation de M. le Garde des sceaux, conformément à l'art. 23 de l'ordonnance du 4 janvier 1843.

Délibéré et arrêté en assemblée générale des Notaires de l'arrondissement de Poitiers, le 23 novembre 1843.

*Le Secrétaire,* GRAS.

*Le Président,* BERT.



Poitiers. — Imprimerie de F.-A. SAURIN.

www.ingramcontent.com/pod-product-compliance
Lightning Source LLC
Chambersburg PA
CBHW070807210326
41520CB00011B/1862
* 9 7 8 2 0 1 1 3 1 4 5 3 6 *